"Uma ferramenta fabulosa. Um dos melhores livros que já li sobre ansiedade social em adolescentes!"

— **Lisa M. Schab**, LCSW, psicoterapeuta e autora de 18 livros voltados ao público geral, incluindo *The Anxiety Workbook for Teens* e *Put Your Worries Here*

"Com esta 2ª edição do seu livro, Jennifer Shannon trouxe todas as incríveis dicas e *insights* da edição anterior e os relacionou ao contexto saturado de mídias dos adolescentes de hoje. As ilustrações atraentes e as ferramentas de fácil compreensão tornam este recurso acessível mesmo para os adolescentes mais ansiosos."

— **Litsa R. Tanner**, MS, MFT, diretora clínica e cofundadora do Santa Rosa Center for Cognitive Behavioral Therapy e professora adjunta de Aconselhamento Psicológico da University of San Francisco

"Este livro é fantástico! Se você o ler cuidadosamente e fizer os exercícios, se sentirá melhor. Ele é fácil de acompanhar, com excelentes ilustrações e histórias relacionadas. Ansiedade social não é uma sentença de vida. O livro de Jennifer Shannon vai conduzi-lo pelo caminho que você precisa trilhar para vencer seus medos e se sentir confortável em situações sociais."

— **Ken Goodman**, LCSW, criador de *The Anxiety Solution Series* e autor de *The Emetophobia Manual*

"Jennifer Shannon, especialista no tratamento de ansiedade, apresenta uma atualização prática e envolvente de *Vencendo a timidez e a ansiedade social na adolescência*. Ela traz uma abordagem direta e baseada em evidências, com estratégias que são eminentemente viáveis. O capítulo que aborda o perfeccionismo social – sobre vencer a crença de que jamais podemos cometer erros – é particularmente estimulante. E, como bônus, as ilustrações que destacam os pontos principais valorizam ainda mais o conteúdo."

— **Mary K. Alvord**, PhD, psicóloga e coautora de *Conquer Negative Thinking for Teens* e *Resilience Builder Program for Children and Adolescents*

"Adorei a 1ª edição, e esta atualização é ainda melhor! Jennifer Shannon oferece um guia claro para desfazer os efeitos inibidores que a ansiedade social e as redes sociais podem ter sobre os adolescentes que estão trilhando seu caminho na escola e no mundo. As ilustrações valem por milhares de palavras! A autora traça um caminho direto para deixar para trás a timidez e a solidão. Permita que ela seja seu guia."

— **David Carbonell, PhD**, criador de www.anxietycoach.com
e autor de *Panic Attacks Workbook*, *The Worry Trick*,
Fear of Flying Workbook e *Outsmart Your Anxious Brain*

"A nova edição de *Vencendo a timidez e a ansiedade social na adolescência* é um presente para adolescentes e para terapeutas. Jennifer Shannon apresenta princípios e práticas cognitivo-comportamentais baseados em evidências com empatia e acolhimento, e as ilustrações dinâmicas e semelhantes a uma história em quadrinhos realmente dão vida aos conceitos. Os adolescentes que utilizarem este livro com certeza compreenderão melhor sua ansiedade social – e como avançar na direção de uma vida mais satisfatória."

— **Seth J. Gillihan**, **PhD**, psicólogo clínico
e coautor de *CBT Deck for Kids and Teens*

Vencendo a timidez e a ansiedade social na adolescência

S528v Shannon, Jennifer.
      Vencendo a timidez e a ansiedade social na adolescência : habilidades baseadas na terapia cognitivo-comportamental e na terapia de aceitação e compromisso / Jennifer Shannon ; tradução : Sandra Maria Mallmann da Rosa; revisão técnica : Leonardo Mendes Wainer. – 2. ed. – Porto Alegre : Artmed, 2024.
      viii, 165 p. : il. ; 25 cm.

      ISBN 978-65-5882-205-9

      1. Terapia de aceitação e compromisso. 2. Terapia cognitivo--comportamental – Psicoterapia. 3. Timidez. 4. Ansiedade. 5. Adolescência. I. Título.

CDU 159.9:616.89

Catalogação na publicação: Karin Lorien Menoncin – CRB 10/2147

Jennifer **Shannon**

Vencendo a timidez e a ansiedade social na adolescência

*habilidades baseadas na **terapia cognitivo-comportamental** e na **terapia de aceitação e compromisso***

2ª edição

Tradução
Sandra Maria Mallmann da Rosa

Revisão técnica
Leonardo Mendes Wainer
Psicólogo. Formação em Terapia do Esquema pelo New Jersey Schema Therapy Institute. Especialista em Terapias Cognitivo-comportamentais pela Wainer Psicologia Cognitiva. Doutorando em Psicologia Clínica na Pontifícia Universidade Católica do Rio Grande do Sul (PUCRS). Membro da diretoria executiva da International Society of Schema Therapy (ISST).

Porto Alegre
2024

Obra originalmente publicada sob o título *The Shyness and Social Anxiety Workbook for Teens: CBT and ACT Skills to Help You Build Social Confidence*, 2nd Edition
ISBN 9781684038015

Copyright © 2022 by Jennifer Shannon
Instant Help Books
An imprint of New Harbinger Publications, Inc.
5674 Shattuck Avenue Oakland, CA 94609 www.newharbinger.com

Gerente editorial
Letícia Bispo de Lima

Colaboraram nesta edição:

Coordenadora editorial
Cláudia Bittencourt

Capa
Paola Manica | Brand&Book

Preparação de original
Marquieli Oliveira

Leitura final
Dominique Monticelli da Costa

Editoração
Ledur Serviços Editoriais Ltda.

Reservados todos os direitos de publicação, em língua portuguesa, ao
GA EDUCAÇÃO LTDA.
(Artmed é um selo editorial do GA EDUCAÇÃO LTDA.)
Rua Ernesto Alves, 150 – Bairro Floresta
90220-190 – Porto Alegre – RS
Fone: (51) 3027-7000

SAC 0800 703 3444 www.grupoa.com.br

É proibida a duplicação ou reprodução deste volume, no todo ou em parte, sob quaisquer formas ou por quaisquer meios (eletrônico, mecânico, gravação, fotocópia, distribuição na Web e outros), sem permissão expressa da Editora.

IMPRESSO NO BRASIL
PRINTED IN BRAZIL

Autora

Jennifer Shannon, LMFT, é psicoterapeuta. Autora de *Don't Feed the Monkey Mind, The Anxiety Survival for Teens* e *A Teen's Guide to Getting Stuff Done*, ela é embaixadora da Academy of Cognitive Therapy (Academia de Terapia Cognitiva).

Ilustrador

Doug Shannon é cartunista *freelance*.

Sumário

	Introdução	1
1	Socialmente ansioso: você está deixando passar alguma oportunidade?	3
2	Por que eu? As origens da ansiedade social	7
3	Reação em cadeia: pensamentos automáticos, sentimentos ansiosos e esquiva	14
4	Desacelerando: reconhecendo suas reações em cadeia	24
5	Distorções desastrosas: não acredite em todo pensamento que você tem	33
6	Perfeccionismo social: o caminho para lugar nenhum	51
7	O que eu estava pensando? Duas maneiras de testar seus pensamentos	61
8	Respondendo aos seus pensamentos: treinando seu cérebro para desafiar e enfrentar	72
9	Ao resgate! Lidando com criticismo – real, imaginado e autoinfligido	78
10	Construindo a escada: da esquiva para a ação	86
11	Mapeando o sucesso: preparando-se e avaliando as exposições	98
12	A escada de Bella: exposição, exposição, exposição	113

13	Solucionando problemas: o que fazer quando você fica travado	137
14	Acima e além: como os erros o tornam mais forte	145
	Considerações finais	149

Apêndices

PARA ADOLESCENTES E SEUS PAIS OU RESPONSÁVEIS — 151

Apêndice A: Sobre terapia e medicação — 152

Apêndice B: Recursos úteis (em inglês) — 158

Apêndice C: Parurese — 160

Apêndice D: Outros tipos comuns de ansiedade — 163

Introdução

Quando a 1ª edição deste livro foi publicada, em 2012, as redes sociais ainda estavam, em termos relativos, na sua infância. Desde então, elas se desenvolveram como uma ferramenta de socialização que transformou nossas vidas e nossa cultura. Como os primeiros usuários de muitas das mais recentes plataformas, os adolescentes de hoje enfrentam alguns desafios novos.

Já que as postagens e os comentários nas redes sociais são públicos e podem permanecer *on-line* permanentemente, os adolescentes de hoje correm o risco de serem criticados de formas que as gerações anteriores nem imaginavam. As imagens e postagens cuidadosamente escolhidas em *streams* nas redes sociais podem dar a impressão de que os outros estão sempre fazendo coisas divertidas em grupo, ativando no jovem sentimentos de ter sido deixado de fora ou rejeitado. Os julgamentos negativos e as comparações sociais que as redes sociais podem estimular estão diretamente ligados a níveis aumentados de ansiedade social e depressão entre os adolescentes.

Esta nova edição ensina os adolescentes a terem domínio dos pensamentos e sentimentos negativos que o engajamento nas redes sociais pode evocar. Eles aprenderão como adaptar as expectativas, tanto as dos outros quanto as deles mesmos. Além disso, aprenderão a lidar com as críticas *on-line* e o criticismo internalizado que resulta disso. Toda a visão e os ensinamentos da 1ª edição ainda estão aqui, aprimorados com novas ilustrações.

Não há razão para sofrer com a ansiedade social. A ajuda está aqui. Se estiver disposto a trabalhar, este é o livro certo para você.

1

Socialmente ansioso
Você está deixando passar alguma oportunidade?

Quando está na escola, em uma festa ou nas redes sociais, você se preocupa que as pessoas possam achar que alguma coisa que diz ou faz é idiota ou burra? Você se compara com outras pessoas que considera mais inteligentes, mais atraentes, mais populares? Fica envergonhado ou embaraçado com facilidade? Você se preocupa que os outros possam perceber que está ansioso pelos sinais físicos que apresenta, como ruborizar, tremer ou transpirar?

Preocupar-se sobre ser observado e julgado pelos outros é normal para adolescentes. Sentir-se estranho e ansioso boa parte do tempo também é normal. Contudo, para alguns adolescentes, a ansiedade em situações sociais é um problema que atrapalha suas vidas. Apresentamos, aqui, cinco adolescentes socialmente ansiosos que o ajudarão a entender sua timidez e o que você pode fazer a respeito dela. Alex não namora porque se preocupa que não vai saber o que dizer. Bella evita ser o centro das atenções porque ruboriza, o que fará todos saberem que ela está ansiosa. Brandi se preocupa sobre ser julgada nas redes sociais e passa horas tentando aperfeiçoar suas postagens. Lucia não confia que tenha muito para contribuir em uma conversa, então não diz nada. E Chris se preocupa sobre cometer um erro em uma variedade de situações em que pode ser observado. Neste livro, vamos acompanhar estes e outros adolescentes enquanto aprendem a vencer sua ansiedade social.

Estas são algumas situações sociais comuns que podem ativar a ansiedade. Marque cada uma que faz você se sentir ansioso.

- ☐ Iniciar ou participar de uma conversa
- ☐ Responder a perguntas em aula
- ☐ Convidar um amigo para se encontrarem
- ☐ Fazer uma prova
- ☐ Mandar uma mensagem para alguém que você não conhece bem
- ☐ Entrar em uma sala onde os outros já estão sentados
- ☐ Escrever no quadro em sala de aula
- ☐ Postar comentários ou fotos nas redes sociais
- ☐ Trabalhar com um grupo de adolescentes
- ☐ Participar na aula de educação física
- ☐ Criar um perfil em uma rede social
- ☐ Andar pelos corredores ou ir até seu armário
- ☐ Fazer uma pergunta ou pedir ajuda a um professor
- ☐ Responder a uma mensagem que alguém lhe enviou
- ☐ Usar o banheiro da escola ou banheiros públicos
- ☐ Comer em frente a outras pessoas
- ☐ Escrever em frente a outras pessoas
- ☐ Atender ou falar ao telefone
- ☐ Apresentar-se em público
- ☐ Apresentar um trabalho ou fazer uma leitura em voz alta em frente a turma
- ☐ Falar com adultos (p. ex., balconistas, garçons ou o diretor da sua escola)
- ☐ Falar com uma pessoa nova ou desconhecida
- ☐ Participar de festas, bailes ou noites de atividade escolar
- ☐ Ter sua foto tirada (p. ex., para o anuário escolar)
- ☐ Namorar

Você provavelmente se identificou com várias dessas situações ativadoras de ansiedade. Isso quer dizer que você tem um problema? Não necessariamente. O verdadeiro teste da sua ansiedade social não é se você fica ansioso em situações sociais, mas se você desvia do seu caminho para *evitar* essas situações.

Você pode viver com ansiedade social e evitar as situações que o deixam desconfortável, mas, se é como a maioria dos adolescentes socialmente ansiosos, você deve estar farto de deixar passar oportunidades. Este livro foi planejado para ajudá-lo a recuperar o que você está perdendo e retomar o controle da sua vida.

Para ajudá-lo a identificar se sofre de ansiedade social, você pode baixar um teste rápido na página do livro em loja.grupoa.com.br. Siga para o próximo capítulo para aprender como a ansiedade social se desenvolve e por que ela não é sua culpa.

2

Por que eu?
As origens da ansiedade social

Para entender sua ansiedade social, você vai precisar entender de onde ela vem e a que propósito serve. Nossas conexões sociais parecem superimportantes para nós por uma boa razão. Elas realmente *são* superimportantes. Com poucas exceções, um ser humano isolado não consegue sobreviver por muito tempo. Desde os primeiros registros da nossa história, somos seres sociais, construindo abrigos para enfrentar as intempéries, caçando e coletando alimento e lutando *juntos* contra os predadores, em famílias, tribos e comunidades.

Já que nossas relações com os outros são tão importantes para nossa sobrevivência, o sistema nervoso central do nosso corpo trabalha arduamente para evitarmos cometer erros que poderiam levar a criticismo e rejeição. Em uma situação social em que podemos aborrecer ou ofender alguém, sentimos ansiedade – transmitida pelo nosso sistema nervoso – na forma de medo, embaraço, tensão, sudorese, entre outras sensações. O propósito da ansiedade é nos alertar para não corrermos riscos sociais desnecessários que poderiam ameaçar nossas relações com as pessoas de quem dependemos para sobreviver e prosperar.

Por mais útil e necessária que seja a ansiedade, o sistema nervoso corporal de alguns de nós é hiper-reativo, estando tão alerta que recebemos alarmes falsos. Como um sensor de fumaça que é acionado sempre que você está usando uma torradeira, sua ansiedade pode estar sinalizando alarmes falsos, exagerando o perigo de você ser criticado e rejeitado.

Seria conveniente se pudéssemos diminuir o estado de alerta do nosso sistema nervoso para sermos menos reativos, mas a parte do cérebro que comanda nosso sistema nervoso é geneticamente programada para estar fora do nosso controle direto, com uma mente própria. Sendo a parte mais antiga, simples e primitiva do nosso cérebro, ela não consegue raciocinar ou avaliar um risco da forma como a parte lógica e racional do nosso cérebro é capaz. Ela "pensa" mais como um animal, instintiva e reativamente.

Embora com frequência seja referida como o "cérebro reptiliano" ou o "cérebro de lagarto", prefiro denominar essa parte animalista do nosso cérebro de "mente de macaco". Diferentemente dos répteis, os macacos são animais sociais que se preocupam com pertencimento, de modo que farão de tudo para evitar ser expulsos da sua tribo.

Se está evitando situações sociais em que gostaria de se engajar, mas não consegue porque parece que a sua sobrevivência depende de evitá-las, você tem uma *mente de macaco* hiper-reativa. Ela superestima a probabilidade de os outros o julgarem negativamente e subestima a sua capacidade de enfrentar os julgamentos negativos quando ocorrerem. O que nos leva à pergunta: por que existe um pequeno animal selvagem comandando o *seu* sistema nervoso, e não o dos outros?

Você não inventou esse problema sozinho. Há três coisas que podem influenciar o quanto o seu sistema nervoso é reativo em situações sociais. A primeira delas é a sua *predisposição genética*.

PREDISPOSIÇÃO GENÉTICA

Chegamos a este mundo com traços predeterminados, incluindo a tendência para ter ansiedade em situações sociais. Se você examinar a história da sua família, provavelmente encontrará um tio ou uma tia, um pai ou um avô, até mesmo um irmão com timidez, como você. Eles podem não ter apresentado ansiedade social plenamente desenvolvida, mas eram "antenados" de uma forma que você pode reconhecer. Os cientistas ainda não descobriram um gene específico da timidez, mas determinaram que, assim como olhos azuis ou cabelo encaracolado, a ansiedade social é transmitida de geração para geração.*

Liste alguns dos seus parentes que apresentam ansiedade em situações sociais.

_____

_____

_____

_____

---

* Além da timidez, há vários outros problemas de ansiedade que você ou seus parentes podem ter experienciado. No Apêndice, no final deste livro, você encontrará uma lista das ansiedades comuns.

MODELO PARENTAL

O segundo fator que pode contribuir para a sua ansiedade social é o *modelo parental*. Seus pais raramente socializam? Eles são altamente preocupados em causar uma boa impressão? Se seus pais são exageradamente cautelosos ou reclusos, você pode ter aprendido com eles parte do seu comportamento socialmente ansioso.

Descreva algumas formas como seus pais servem como modelo para ansiedade e esquiva.

_____

_____

_____

_____

_____

_____

_____

_____

_____

EVENTOS PERTURBADORES

Quase todos já passaram pela experiência de esquecer a fala em uma apresentação ou uma peça na escola. Para a maioria das pessoas, a experiência é uma situação a ser lembrada com risos, porém, para aquelas socialmente ansiosas, pode ter sido um desastre traumático. Elas ficam tão preocupadas com a possibilidade de repetir esse desempenho que a ideia de serem chamadas em aula ou de fazerem uma apresentação oral é genuinamente aterrorizante.

Seu *evento perturbador* pessoal pode ter sido dar a resposta errada em aula, descobrir que não foi convidado para uma festa em que todo mundo estava, ouvir um rumor de que você gostava de um(a) colega de quem na verdade não gostava ou ter um professor maldoso que o envergonhou em frente a turma.

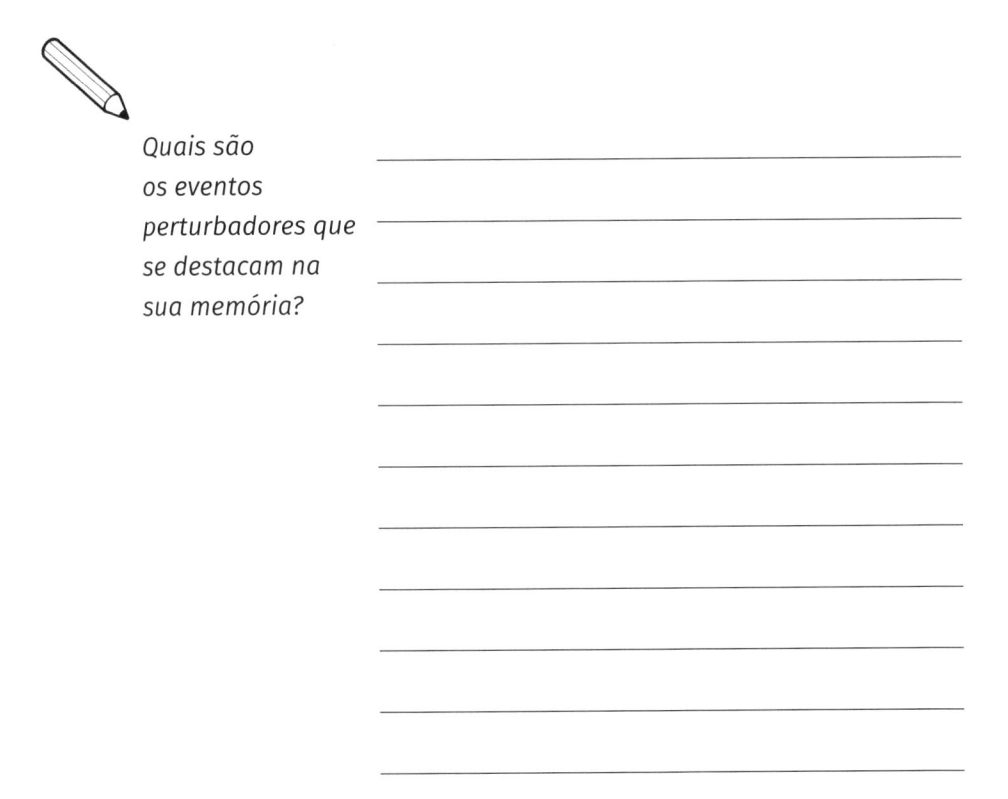

Quais são os eventos perturbadores que se destacam na sua memória?

_____
_____
_____
_____
_____
_____
_____
_____
_____
_____

Você não pode mudar sua genealogia, seus pais ou seu passado. O que você *pode* mudar é como responde à ansiedade *agora*. O que faz em situações sociais hoje irá determinar como você se sentirá em situações sociais no futuro.

É por isso que seu cérebro, mesmo o primitivo, a parte teimosa dele, ainda está aprendendo o tempo todo. Assim como seu homônimo, a mente de macaco pode ser treinada.

Ao longo deste livro, você verá ilustrações de diferentes adolescentes com um macaco. Isso é para lembrá-lo de que, independentemente de como sua ansiedade social se desenvolveu, a forma de dominá-la é tendo domínio sobre a mente de macaco.

Leia o próximo capítulo para aprender como seguir e lidar com a ansiedade.

3

Reação em cadeia
Pensamentos automáticos, sentimentos ansiosos e esquiva

ALEX

Alex percebe que Ginelle, que ele acha muito atraente, está se aproximando no corredor. Rapidamente, ele esconde a cabeça em seu armário, como se estivesse procurando um livro. Dentro de poucos segundos, Ginelle dobra no corredor e vai embora.

Alex escondeu a cabeça no armário, aparentemente para evitar contato com alguém por quem na verdade ele está atraído. Isso ocorre em favor do melhor interesse de Alex? Por que Alex agiria de uma forma que reduz suas chances de conhecer melhor alguém de quem ele gosta?

Para entender por que Alex evitou Ginelle, teremos de desmembrar a cena e identificar os elos na cadeia de eventos. Vamos reproduzir a sequência e congelar a imagem no momento em que inicialmente Alex viu Ginelle para vermos o que ele estava pensando.

Pensamentos automáticos

Os pensamentos que surgiram na mente de Alex quando a viu se aproximar – de que, se ele não dissesse alguma coisa inteligente para impressioná-la, ela o acharia estranho, idiota, inadequado – já eram familiares para ele. Ele já havia tido pensamentos similares muitas vezes antes, não apenas em relação à Ginelle, mas sobre qualquer garota que o impressionasse ou por quem se sentisse atraído.

O tema dos pensamentos de adolescentes socialmente ansiosos é sempre o de que outras pessoas os estão observando e julgando. Eles acham que precisam ter um desempenho de alto padrão, caso contrário serão criticados ou os outros vão rir deles, seja abertamente, seja pelas suas costas. Esses pensamentos acontecem automaticamente, tão rápido que, com frequência, nem mesmo estamos conscientes deles.

Sentimentos ativados

Os pensamentos automáticos ativam, então, a forma como nos sentimos. Se você fosse como Alex, pensando que, a menos que fosse inteligente, seria visto como idiota ou estranho, como *você* se sentiria?

Estas são algumas emoções comuns que adolescentes socialmente ansiosos sentem:

Embaraçado – humilhado, inseguro

Ansioso – preocupado, em pânico, nervoso, assustado

Solitário – sozinho

Desesperançado – desencorajado, derrotado

Envergonhado – arrependido

Culpado – mal, sentindo que precisa se desculpar

Triste – deprimido, para baixo, infeliz

Frustrado – bloqueado, impedido, derrotado

Enciumado – com inveja, desconfiado

Confuso – estonteado, desconcertado, perdido

Magoado – ferido, abalado, machucado

Desapontado – decepcionado, desiludido, desalentado

Raivoso – zangado, ressentido, irritado, incomodado

Se perguntássemos a Alex o que estava sentindo, ele poderia descrever seu desconforto com o mundo como "ansioso", "em pânico", "inseguro" ou, muito simplesmente, "amedrontado". Qual é a coisa natural a ser feita quando nos sentimos assim?

O que fazemos desde que o primeiro homem das cavernas se deparou com um leão da montanha: fugir e se esconder!

Comportamento de esquiva

Quando as pessoas se defrontam com situações que as fazem se sentir ansiosas, a *esquiva* é sua ação mais comum. A esquiva evita que ocorra aquilo que elas temem que aconteça. Alex fica ansioso por achar que não vai saber o que dizer à Ginelle e que, por isso, ela o achará estranho. Se ele se esconde em seu armário, não há risco de que isso aconteça. Essa é uma solução infalível em curto prazo para a sua ansiedade social.

O problema? Em longo prazo, Alex jamais vai obter o que realmente deseja, que é conhecer Ginelle. Ele acaba deixando passar a oportunidade desse relacionamento, o que o conduz à solidão e à depressão.

BELLA

Bella está participando da primeira reunião do comitê do anuário da sua turma. Todos estão se revezando para se apresentar e dizer com o que estão interessados em contribuir.

Enquanto os outros se apresentavam, Bella estava tão ansiosa que quase não conseguia focar o que eles estavam dizendo. Quanto mais se aproximava sua vez de falar, mais acelerado seu coração batia e mais vermelho seu rosto ficava.

Quando chegou sua vez, ela cobriu o rosto com o cabelo e falou o mínimo possível. Bella realmente queria fazer parte do comitê do anuário, mas sua ansiedade atrapalhou sua participação no grupo. Para entender o que ativou sua ansiedade, vamos nos concentrar no que ela estava pensando enquanto sua vez se aproximava.

Pensamentos automáticos

A previsão de Bella de que todos notariam seu rubor e voz trêmula não era planejada; isso acontecia automaticamente. Cada vez que precisava se expressar em uma situação nova, ela tinha esses pensamentos. A possibilidade de que os outros a observassem e a julgassem ativava fortes sentimentos em Bella, assim como acontecia com Alex. Como você se sentiria se achasse que os outros notariam o quanto você estava ansioso? Embaraçado? Envergonhado?

Sensações físicas

Emoções como vergonha e embaraço, que são ativadas por nossos pensamentos automáticos, frequentemente são acompanhadas de outro tipo de sentimento ansioso: sensações físicas intensas. Estas são algumas sensações físicas comuns que você pode ter experienciado:

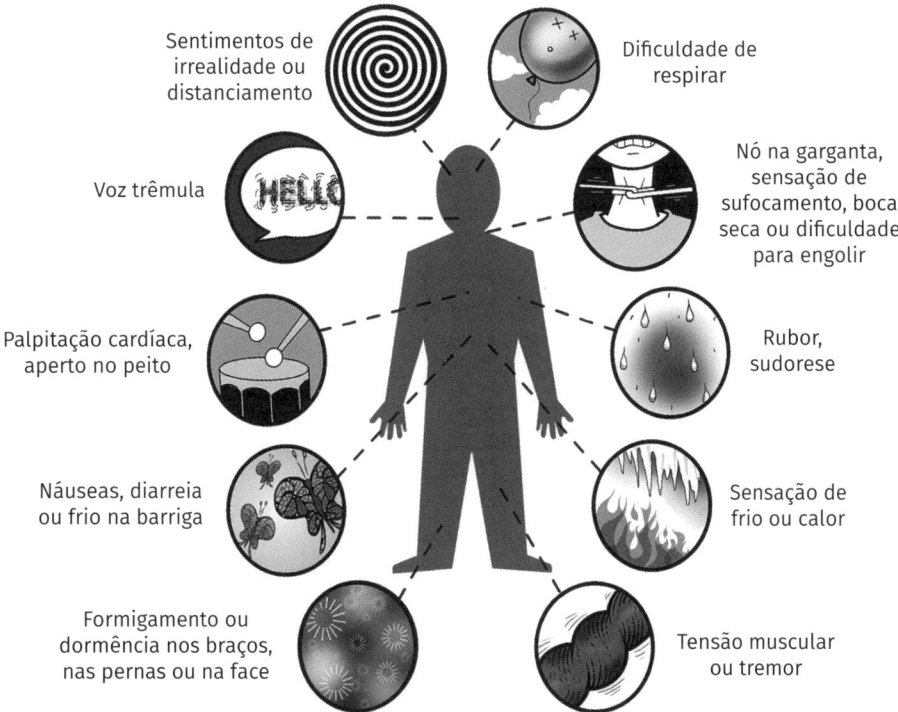

Ainda que sensações físicas como essas sejam perfeitamente normais, para adolescentes como Bella, pensar que os outros vão notar e julgá-la é especialmente problemático. Você alguma vez já se preocupou que as pessoas percebessem que você estava transpirando, ruborizando ou que suas mãos e sua voz estavam tremendo e o julgassem negativamente? Estamos muito mais conscientes dos nossos sintomas físicos do que os outros, mas com certeza não sentimos que isso seja assim.

Comportamento de esquiva

Quando nos sentimos fortemente convictos de que sermos vistos é perigoso para nossa condição social, evitamos ser vistos. Para Bella, a coisa natural a fazer era evitar que os outros vissem sua face vermelha e ouvissem sua voz trêmula.

Assim como vimos com Alex, quando desmembramos o cenário de Bella, observamos uma reação em cadeia. *Pensamentos automáticos* ("Eles vão ver o quanto estou ansiosa!") ativam *sentimentos ansiosos* (rubor, nó na garganta), que, por sua vez, provocam *comportamento de esquiva* (cobrir o rosto, falar o menos possível).

Ainda que o comportamento de esquiva seja uma solução confiável em curto prazo para nossos sentimentos ansiosos, ele falha em entregar o que verdadeiramente queremos e precisamos: conexão e pertencimento. Ele acaba nos levando ao isolamento e à depressão. Para quebrar essa reação em cadeia, você vai precisar examinar como ela funciona na sua vida, que é o tema do próximo capítulo.

4

Desacelerando
Reconhecendo suas reações em cadeia

Como visto no último capítulo, as emoções e sensações que nos fazem querer evitar situações sociais não aconteceriam sem os pensamentos automáticos que as ativam. Se ao menos pudéssemos impedir que os pensamentos automáticos aparecessem inesperadamente, não haveria nenhuma reação em cadeia.

No entanto, enquanto ficarmos evitando as situações que nos deixam socialmente ansiosos, os pensamentos automáticos negativos sobre essas situações vão continuar ocorrendo. É por isso que o comportamento de esquiva é o que torna os pensamentos automáticos tão críveis. Cada vez que Alex evita Ginelle ou qualquer pessoa por quem se sinta atraído, ele está confirmando para si mesmo que se aproximar dela seria perigoso. Cada vez que Bella se esconde em uma situação social, ela confirma para si mesma como será ruim se os outros perceberem que ela está ansiosa.

Isso funciona da mesma forma para você como para Alex e Bella. Evitar uma situação social confirma que a situação *é* de fato perigosa. Quando evitamos essas situações continuamente, nunca aprendemos como lidar com elas quando alguém realmente nos critica ou nos julga. Confirmações regulares de que uma situação é muito perigosa para você encorajam mais pensamentos automáticos assustadores sobre essa situação na próxima vez que ela acontecer. Essa reação em cadeia se repete incessantemente, fazendo da esquiva um hábito regular e levando a uma vida inteira de privações.

Embora possa parecer que não há esperança quando colocado dessa forma, como você verá, as notícias são boas. Depois que conseguir identificar as reações em cadeia em sua vida, você poderá começar a planejar como quebrá-las. Vamos dar uma olhada em alguns cenários mais comuns que ativam a ansiedade social em adolescentes. Veja se consegue identificar a reação em cadeia em ação em cada um deles.

LUCIA

Vamos examinar a cadeia de pensamento-sentimento-comportamento de Lucia nessa situação, escrevendo o que ela pode estar pensando, sentindo e fazendo.

Você já esteve com um grupo de pessoas que estão conversando sobre alguma coisa de que você não sabe muito a respeito? Escreva um exemplo aqui.

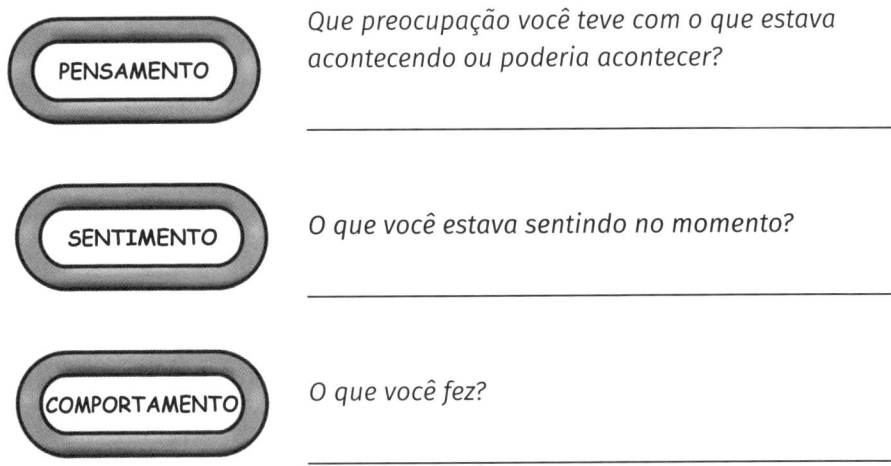

Que preocupação você teve com o que estava acontecendo ou poderia acontecer?
_____

O que você estava sentindo no momento?
_____

O que você fez?
_____

Vamos examinar algumas experiências de outros adolescentes e ver se conseguimos identificar a reação em cadeia.

BRANDI

BRANDI LEVA UMA HORA PARA CONSEGUIR UMA *SELFIE* PERFEITA.

MAS EU PAREÇO SUFICIENTEMENTE ATRAENTE?

ENTÃO ELA PASSA A MEIA HORA SEGUINTE USANDO O PHOTOSHOP.

Qual é a cadeia de pensamento-sentimento-comportamento de Brandi?

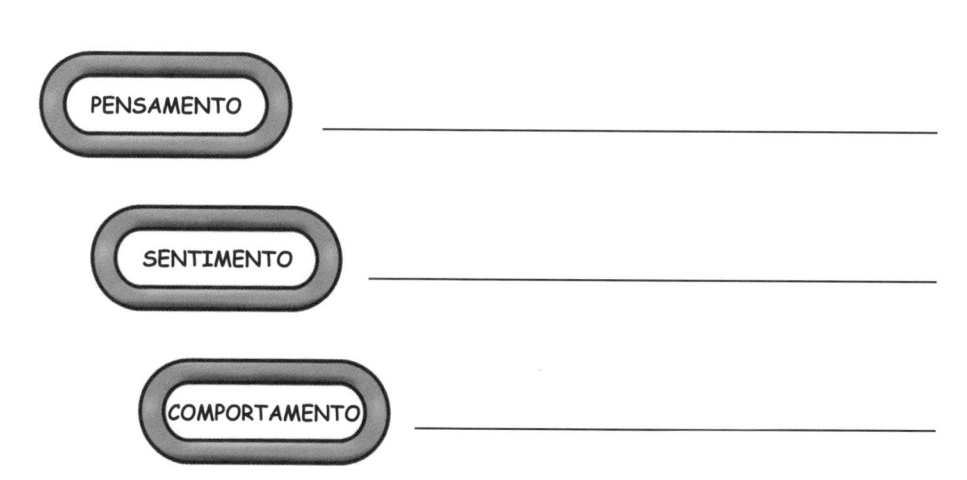

PENSAMENTO _____

SENTIMENTO _____

COMPORTAMENTO _____

Você acha que os outros estão julgando suas postagens e outras atividades nas redes sociais?

_____

O que você acha que eles podem estar pensando ou dizendo?

_____

_____

_____

_____

Como você evita ser julgado negativamente nas redes sociais?

_____

_____

_____

_____

CHRIS

Esta é uma situação que ativa a ansiedade de Chris. Ele acha que está sozinho com este problema, mas muitos adolescentes ficam inseguros fazendo atividades corriqueiras quando outras pessoas estão por perto.

Escreva a cadeia de pensamento-sentimento-comportamento de Chris.

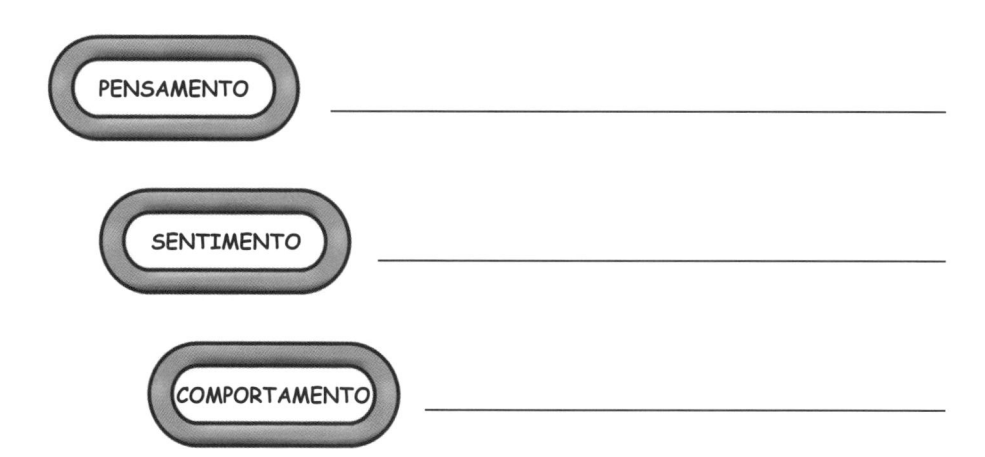

PENSAMENTO _____

SENTIMENTO _____

COMPORTAMENTO _____

Algumas coisas que podemos fazer de forma perfeitamente natural quando estamos sozinhos parecem impossíveis na presença de outras pessoas. Escreva uma situação que deixa você inseguro.

_____

_____

Como você acha que os outros julgam seu "desempenho"?

_____

_____

Como esses julgamentos, reais ou imaginados, fazem você se sentir?

_____

_____

O que esses sentimentos fazem você querer fazer?

_____

_____

O próximo exercício vai ajudá-lo a examinar suas próprias cadeias de pensamento-sentimento-comportamento mais detalhadamente.
Você pode baixar uma cópia da folha de exercícios na página do livro em loja.grupoa.com.br

FOLHA DE EXERCÍCIOS DA CADEIA DE PENSAMENTO-SENTIMENTO-COMPORTAMENTO

Volte à lista na página 4 e olhe as situações que você marcou que o deixam ansioso. Escolha duas que são especialmente problemáticas para você e, depois, veja o quanto consegue descrever cada elo da sua reação em cadeia no espaço a seguir.

Situação 1: _____

- **PENSAMENTO** _____

- **SENTIMENTO** _____

- **COMPORTAMENTO** _____

Situação 2: _____

- **PENSAMENTO** _____

- **SENTIMENTO** _____

- **COMPORTAMENTO** _____

Nossas reações em cadeia de pensamento-sentimento-comportamento ocorrem tão rapidamente em situações de ansiedade que com frequência nos descobrimos no elo do comportamento de esquiva antes mesmo de sabermos o que aconteceu. Assim como um batedor no beisebol desenvolve a habilidade de ver a bola viajando a quase 150 quilômetros por hora, podemos desenvolver a consciência de nossos pensamentos automáticos e sentimentos ansiosos e desacelerar a cadeia para que possamos ter controle sobre ela.

Uma cadeia é apenas tão forte quanto seu elo mais fraco. Se você conseguir identificar os elos, poderá aprender como quebrar a cadeia. No próximo capítulo, vamos examinar atentamente nossos pensamentos automáticos.

5

Distorções desastrosas
Não acredite em todo pensamento que você tem

Imagine que você está se olhando em um espelho de um parque de diversões. Sim, este é você, mas seu rosto não é assim tão longo, sua barriga não é assim tão grande e suas pernas não são assim tão finas. O espelho está distorcendo a realidade do que está ali.

Quando estamos ansiosos, nossos pensamentos se refletem como em um espelho de um parque de diversões. Pior ainda: não estamos conscientes da distorção e levamos esses pensamentos a sério, o que nos deixa ainda mais amedrontados.

Este capítulo explica seis exemplos de pensamento distorcido que pessoas com ansiedade social comumente experienciam. Quando você reconhece a distorção em seus pensamentos, fica mais fácil não os levar tão a sério. A primeira distorção você vai reconhecer imediatamente.

CATASTROFIZAÇÃO

Você provavelmente já ouviu as pessoas perguntarem: qual é a pior coisa que pode acontecer? Quando ocorre uma situação ativadora e você imagina precipitadamente o pior desfecho possível – embora haja centenas de outros desfechos possíveis –, você está *catastrofizando*.

Quando esse adolescente é rejeitado para um encontro, ele presume que isso é uma notícia tão relevante que a escola inteira logo vai saber e todos vão rir dele. Embora isso possa ser qualificado como uma catástrofe, qual é a probabilidade de realmente acontecer?

Conte sobre uma situação na sua vida em que você catastrofizou.

_____
_____
_____
_____
_____
_____

Qual foi o pior desfecho possível que você presumiu que aconteceria?

_____
_____
_____
_____
_____
_____

DESQUALIFICAÇÃO DO QUE É POSITIVO

Você às vezes se preocupa tanto com alguma coisa que disse ou fez a ponto de esquecer o fato de que, de modo geral, a interação social fluiu bem? Digamos que estava conversando com alguém e, em vez de ficar sem saber o que dizer, você na verdade aproveitou a conversa. Em vez de se sentir bem porque algumas vezes você *realmente* tem alguma coisa a dizer, você conclui: "Bem, ela é muito legal, e é por isso que eu me senti à vontade, mas a maioria das pessoas não é assim, e eu paraliso completamente quando falo com elas". É difícil desenvolver confiança quando você ignora seus sucessos, quando você *desqualifica o que é positivo*.

Jonathan fez uma piada engraçada e seus amigos riram, mas, em vez de ficar satisfeito com a reação deles e receber os créditos por ser engraçado, ele se concentra na possibilidade de ter sido mal compreendido.

Descreva uma situação social que basicamente correu bem, mas você a repassou na mente milhares de vezes, em busca de onde cometeu algum erro.

_____
_____
_____
_____
_____

O que foi positivo na sua interação com outras pessoas e você desqualificou?

_____
_____
_____
_____
_____

Costuma-se dizer que as pessoas que veem o lado bom em tudo estão vendo a vida através de óculos cor-de-rosa. Quanto a um adolescente socialmente ansioso em uma situação ativadora, poderíamos dizer que ele está olhando para a vida através de óculos cinza. Todos os seus sentidos estão ativados e assimilando tudo, mas ele desqualifica todas as informações que são positivas, ficando apenas com as negativas.

Esta é outra adolescente que não consegue ver o que está dando certo para ela:

KATHY ESTÁ FAZENDO UMA APRESENTAÇÃO ORAL.

O QUE UMA MOSQUINHA NA PAREDE VÊ.

O QUE KATY VÊ.

ELA ESTÁ NO CELULAR!

ESTOU DEIXANDO TODOS MORTOS DE TÉDIO!

Em que situações você parece ver apenas o que não está funcionando?

_____

_____

_____

_____

_____

ROTULAÇÃO

Paus e pedras podem partir seus ossos, mas palavras também podem machucar. Ao rotular alguém, você está rebaixando essa pessoa. Rotulando a si mesmo, você está se rebaixando. Por exemplo, você deixa cair seus livros no corredor e diz a si mesmo que é um desastrado. Contudo, todos nós às vezes somos desajeitados. Você é completamente desastrado?

Perder uma partida de xadrez não faz de você um perdedor. Dar uma ideia tola não faz de você um idiota. Palavras como "desastrado", "perdedor" e "idiota" são *rótulos* que não explicam realmente quem você é por inteiro.

Adolescentes socialmente ansiosos usam rótulos como estes para se descreverem. Quais deles você usa para si mesmo?

- ☐ Patético
- ☐ Burro
- ☐ Um caso perdido
- ☐ Inadequado
- ☐ Incompetente
- ☐ Ignorante

- ☐ Chato
- ☐ Idiota
- ☐ Perdedor
- ☐ Desastrado
- ☐ Nojento
- ☐ Maluco

DIGITANDO - DIGITANDO - DIGITANDO
ISSO PARECE IDIOTA.
DIGITANDO - DIGITANDO - DIGITANDO
ISSO PARECE BURRICE.
DIGITANDO - DIGITANDO - DIGITANDO
SOU UM CASO PERDIDO COM ISSO!
É MELHOR NÃO ESCREVER NADA!

EFEITO HOLOFOTE

Quando um grande jogador de golfe está planejando uma tacada na bola em uma partida acirrada, ele não está pensando em como está segurando o taco ou no curso em arco da sua tacada. Um ator no palco não observa suas mãos enquanto gesticula, nem fica atento à sua voz enquanto fala seu texto. O golfista e o ator querem se entregar aos seus papéis, e não refletir sobre os mecanismos do seu desempenho.

Isso também é assim em nossas vidas cotidianas. Quando voltamos os holofotes da atenção para nós mesmos, ficamos inseguros. O que deveria ser uma autoexpressão natural e espontânea se transforma em um desempenho angustiante. Estar sob o *holofote* faz você se sentir diferente e separado dos outros. Tudo o que você diz começa a soar estranho ou falso. Você não confia ou gosta de como está se saindo e, para piorar ainda mais as coisas, presume que todos o estão observando tão atentamente quanto você mesmo está se observando. Como é que você pode entrar no fluxo da vida e se conectar com os outros quando está tão preocupado com o que está se passando internamente?

Todas as pessoas se sentem inseguras de vez em quando, mas a maioria delas nota que isso está acontecendo e deixa para lá. Elas tocam o interruptor e desligam o holofote. Contudo, quando adolescentes socialmente ansiosos se sentem inseguros, eles aumentam a luz do holofote, aumentando sua insegurança a ponto de ficarem paralisados.

Vencendo a timidez e a ansiedade social na adolescência   **43**

Você também volta o holofote para o que está se passando em seu corpo. Se você está transpirando, tremendo ou ruborizando e foca sua atenção nisso, esses sinais normais de ansiedade se intensificam. Por exemplo, quando você está falando em aula, pode notar que seu coração está acelerado. Então, quando foca a atenção no seu batimento cardíaco, a palpitação intensifica-se até parecer que seu coração vai saltar do peito. "Todos que estão perto de mim podem ver o que está acontecendo", você pensa. "Eles sabem que estou entrando em pânico!" Quando você sai da sala depois da aula, o holofote acompanha você, mostrando a todos como você anda desajeitadamente. E assim continua durante o dia inteiro quando você está vivendo sob os holofotes.

Conte sobre uma situação em que você se sentiu como se estivesse sob os holofotes.

_____

_____

_____

_____

_____

_____

Que impressão você imagina que vai causar nos outros?

_____

_____

_____

Que sentimentos você tem que tem certeza de que as pessoas à sua volta estão percebendo?

_____

_____

_____

COM AS MÃOS BALANÇANDO, EU PAREÇO ESQUISITO.
AGORA PARECE QUE EU ESTOU QUERENDO PARECER DURÃO.
ASSIM PARECE QUE EU ESTOU QUERENDO PARECER DESCOLADO.
MÃOS - O QUE EU DEVO FAZER COM ELAS?

LEITURA MENTAL

Se você se sente como se estivesse sob um holofote e que todos estão olhando para você, é natural que também se preocupe sobre o que todos estão pensando a seu respeito. Como um *leitor de mentes*, você presume que sabe o que as pessoas estão pensando, especialmente quando é alguma coisa negativa sobre você. Você não tem nenhum poder psíquico, mas, de alguma forma, simplesmente sabe.

Como tem tanta certeza, você não se preocupa em verificar o que realmente está acontecendo. Por exemplo, uma amiga lhe disse que ia se encontrar com você em um determinado lugar, mas não apareceu. Já que você lê a mente dela, sabe que é porque ela acha que você é um perdedor, e a única razão para ter dito que iria ao encontro foi porque sentiu pena de você. Sua amiga pode simplesmente ter esquecido, mas, em vez de lhe perguntar sobre isso, você não diz nada.

Descreva uma interação que você teve com alguém que o deixou ansioso.

_____

_____

_____

_____

_____

_____

O que você achou que a pessoa estava pensando sobre você?

_____

_____

_____

COMPARAÇÕES NEGATIVAS

Todos nós nos comparamos com os outros. Quando tiramos uma nota em um trabalho, é natural também querermos saber como os outros se saíram.
Às vezes, essas comparações podem nos inspirar, fazendo-nos trabalhar com mais afinco para atingirmos nossos objetivos – por exemplo, influenciadores nas redes sociais podem lhe dar ideias criativas de como pentear o cabelo ou se vestir; assistir a uma apresentação de um músico habilidoso pode motivar você a praticar seu instrumento com mais dedicação.

No entanto, *comparações negativas* – quando escolhemos apenas pessoas atraentes, de sucesso ou ricas para nos compararmos – fazem com que nos sintamos muito pior sobre nós mesmos. Se você se comparar com um atleta de sucesso, ou mesmo com a estrela do seu time na escola, como isso vai afetar a sua confiança? É recomendável restringir sua ingestão de calorias para se parecer com modelos da moda, que representam uma porcentagem mínima da população humana no que se refere a peso e a características culturalmente desejáveis e que são retocados digitalmente?
E como você pode ter condições de pagar o tipo de roupas, telefones ou carros daqueles que são mais ricos que você?

Ganhar o respeito social copiando estética, notas, posses ou talentos dos outros é uma estratégia disfuncional, pois sempre haverá alguém com mais, exigindo mais esforço de nossa parte para conseguirmos acompanhá-lo. Quando achamos que não nos saímos bem na comparação e que temos pouca chance de conseguir, podemos nos sentir inadequados, ficar deprimidos e parar completamente de tentar. Embora não possamos evitar ver outras pessoas que têm mais daquilo que queremos, temos muito mais probabilidade de nos sentirmos mal quando nos comparamos negativamente com elas.

UMA CRENÇA INCONSCIENTE

Distorções desastrosas não são exclusivamente do domínio de adolescentes com ansiedade social. Se prestar atenção ao que dizem seus pares, seus pais e até mesmo figuras públicas, você vai notar que todos, socialmente ansiosos ou não, catastrofizam, desqualificam o que é positivo, rotulam, colocam-se sob holofotes, leem mentes e comparam-se negativamente o tempo todo. O que torna esses pensamentos distorcidos um problema tão grande para adolescentes socialmente ansiosos é quando eles são usados em associação com mais uma distorção final – prometo que esta é a última! Esta é a mais desastrosa de todas elas, pois é mais que um pensamento distorcido. É uma *crença* distorcida. Todo adolescente socialmente ansioso inconscientemente acredita que: *não posso me permitir cometer um erro*. Esse sistema de crenças é conhecido como *perfeccionismo social*, e é o tema do próximo capítulo.

6
Perfeccionismo social
O caminho para lugar nenhum

Vamos iniciar este capítulo com um *quiz* sobre perfeccionismo social.

QUIZ SOBRE PERFECCIONISMO PESSOAL

Avalie cada uma das afirmações a seguir em uma escala de 1 a 5, em que 1 = discordo totalmente e 5 = concordo totalmente.

_____ *Se eu contar uma piada, ela deve ser engraçada para todos.*

_____ *Se eu não receber curtidas suficientes on-line, isso significa que as pessoas não gostam de mim.*

_____ *Se ocorrer um silêncio constrangedor na conversa, provavelmente será minha culpa.*

_____ *Se eu tropeçar ou gaguejar, as pessoas vão achar que há alguma coisa errada comigo.*

_____ *Se eu disser alguma coisa errada, as pessoas vão achar que sou burro.*

_____ *Se eu não escrever uma mensagem ou postar exatamente a coisa certa, as pessoas vão achar que sou um chato.*

_____ *Se eu esquecer os nomes das pessoas, elas vão achar que não me importo com elas.*

_____ *Se eu usar alguma roupa que alguém critique, tenho mau gosto para me vestir.*

_____ *Se eu disser alguma coisa que alguém entenda mal, sou insensível.*

_____ *Se eu fizer uma apresentação oral, devo ficar relaxado e confiante.*

_____ *Se eu parecer nervoso (p. ex., ruborizar ou tremer), os outros vão me ver como fraco.*

Qual foi a soma das suas respostas? Seu total nesse *quiz* não é uma medida científica, mas, de modo geral, quanto mais alto for o seu escore, menos você se permite cometer erros em situações sociais. Qualquer esforço que você faz para se conectar com os outros que não é recebido com uma reação 100% positiva é considerado como não sendo suficientemente bom, como inaceitável. Isso é *perfeccionismo social*, o sistema de crenças que todos os adolescentes tímidos e socialmente ansiosos compartilham.

NÃO POSSO COMETER ERROS

Neste momento, você pode estar dizendo a si mesmo: "As afirmações nesse *quiz* não parecem ser perfeccionismo, elas parecem realistas. Perfeccionistas são pessoas com alto desempenho, pessoas que se matam de estudar para receber A+ e ganhar o primeiro lugar. Eu não sou um perfeccionista". Embora o comportamento de alto desempenho possa ser a imagem do perfeccionismo, o que faz de uma pessoa uma perfeccionista é a *crença* de que nada menos que um A+ ou o primeiro lugar é aceitável. Todos os adolescentes socialmente ansiosos, em maior ou menor grau, são perfeccionistas sociais. Eles não se permitem arriscar cometer erros sociais, pois não acreditam que conseguiriam lidar com o criticismo ou a rejeição que um erro poderia causar.

É muito difícil ter sucesso como um perfeccionista social. Você precisa ser sempre interessante, sempre estar relaxado, ser sempre engraçado, inteligente ou atraente, ou qualquer coisa que você ache que deveria ser. Você tem uma expectativa mais alta para si mesmo do que tem para qualquer outra pessoa, mais alta do que possivelmente conseguiria satisfazer. Para você, não existe essa coisa de ser bom. Você nunca é bom o suficiente.

Não permitir que haja espaço para erros é uma forma implacável de julgar a si mesmo. É por isso que adolescentes socialmente ansiosos tão frequentemente sofrem de baixa autoestima. Enquanto sua ideia de aceitável for de que todos o aprovem o tempo todo, você não vai conseguir se aceitar plenamente. Também não estará disposto a correr os riscos necessários para ter sucesso em seus objetivos.

VERIFICAÇÃO DA REALIDADE

Parte do que torna tão difícil questionar a crença de que você não pode cometer erros é que os adolescentes socialmente ansiosos percebem todos os outros como não cometendo nenhum erro. (Isso é amplificado pela sua propensão a essa distorção desastrosa, a comparação negativa.) Seus pares são tão socialmente corretos quanto você imagina que eles são?

Pense em alguém que você admira muito. Pode ser alguém da sua família, um músico famoso, um herói no atletismo, uma celebridade da mídia ou uma figura histórica. Provavelmente, essa pessoa é muito talentosa e realmente muito boa em alguma coisa, mas isso não a torna perfeita em tudo. Ela também tem falhas. Ela pode ter tido problemas com drogas, pode ter feito coisas que não foram éticas e, sem dúvida, cometeu erros. Isso porque, independentemente do quanto você é famoso ou talentoso, você ainda é humano. E os seres humanos, cada um de nós, são falhos.

Quanto mais você souber a respeito de pessoas populares e de sucesso, mais elas parecerão imperfeitas. De fato, elas com frequência cometem *mais* erros do que a média das pessoas. O que admiramos nelas não é que elas nunca cometem erros, é que elas têm tanta clareza sobre o que valorizam na vida que estão dispostas a arriscar cometer erros para viver por esses valores.

Quando a coisa mais importante que você valoriza é não cometer um erro social, o que isso diz sobre seus outros valores pessoais? Quando supervalorizamos estar a salvo de rejeição em situações sociais, estamos desvalorizando alguma outra coisa. O que você está desvalorizando em sua vida?

AGINDO SEGUNDO OS VALORES

Para muitos adolescentes, identificar valores é difícil. É muito mais fácil falar sobre objetivos, como tirar um A em uma prova, ganhar um jogo, viver um romance, conseguir um emprego ou ser aceito em uma universidade. Objetivos são o que queremos obter na vida. Valores são como queremos chegar lá. Nossos objetivos definem o que esperamos atingir. Nossos valores definem a pessoa que está tentando atingi-los.

O que você valoriza? Ter segurança, não cometer erros, fazer todos gostarem de você, nunca ser rejeitado? Quando estar a salvo de criticismo é nosso valor mais elevado, não tentamos fazer coisas em que estamos interessados. Não buscamos amigos e atividades, pois temos medo de que os outros vejam nossas falhas. Estas são algumas outras qualidades que as pessoas valorizam muito; circule aquelas que o atraem.

Diversão	Espontaneidade
Conexão	Correr riscos
Crescimento	Aventura
Honestidade	Criatividade
Autoexpressão	Coragem
Autenticidade	Independência

Entre os valores que você circulou, por quais deles você realmente está vivendo? Se o seu objetivo final é a conexão com os outros e o pertencimento, você vai precisar começar a viver por seus valores para chegar lá. Os valores humanos compartilhados são a cola que assegura os mais profundos laços entre as pessoas.

Você se lembra de Alex, cujo objetivo era conhecer Ginelle? Os valores que ele circulou foram coragem e autenticidade. Se ele tentar atingir esse objetivo sem viver por esses valores, alguma coisa será perdida. Por exemplo, se ele pedisse a um amigo que perguntasse à Ginelle se ela estava interessada nele, ele não estaria vivendo pelo seu valor de coragem. Se, em vez de procurar Ginelle, ele procurar apenas garotas por quem não está atraído, que não o deixam ansioso, ele não estaria vivendo autenticamente. Para expressar de um modo mais positivo: *se você agir segundo seus valores, mesmo que não atinja seu objetivo, estará tendo sucesso.*

Reconhecer os valores é especialmente importante para Alex e para todos os adolescentes socialmente ansiosos. Se Alex honrar seus valores de coragem e autenticidade, apresentando-se a Ginelle, mesmo que não consiga pensar em alguma coisa para dizer que seja suficientemente inteligente para impressioná-la, ainda assim ele avançará. Contudo, em seu cenário, em vez de seguir a direção em que seus valores o levariam, Alex está desviado em um caminho que leva a lugar nenhum.

Ele está agindo como se a coisa mais importante em sua vida – o que ele mais valoriza – fosse que ele nunca seja a causa de um silêncio constrangedor em uma conversa, que ele nunca diga nada que possa ser julgado como estranho. Seu valor primário é a segurança, evitando críticas negativas. Sem um valor maior do que se manter seguro, ele está destinado a repetir sua reação em cadeia, sempre terminando em esquiva.

O próximo exercício vai ajudá-lo a examinar seus objetivos e valores mais detalhadamente. Você pode baixar uma cópia da folha de exercícios na página do livro em loja.grupoa.com.br.

FOLHA DE EXERCÍCIOS DE OBJETIVOS E VALORES

Primeiro, pense em uma situação que você tem evitado. Quais são seus objetivos nessa situação? Por exemplo, namorar, fazer amizades, falar em aula, comer no refeitório, ir a uma festa ou tentar conseguir um papel em uma peça.

_____

_____

_____

_____

Quais são seus verdadeiros valores? Quais são as qualidades humanas que, em seu coração, você quer expressar nessa situação? Para ajudá-lo a responder isso, examine a lista na página 57.

_____

_____

_____

_____

Os objetivos podem mudar com o tempo, mas seus valores sempre podem servir como uma bússola confiável na vida. O norte está apontado para seus valores; o sul está voltado para segurança e esquiva. Enquanto você seguir seu verdadeiro norte – as qualidades de caráter que você sabe, em seu coração, que mais valoriza – nenhum objetivo plausível estará além do seu alcance.

No próximo capítulo, você vai verificar como se manter em um caminho guiado pelos valores, mesmo quando seus pensamentos estiverem sendo desastrosamente distorcidos.

7

O que eu estava pensando?
*Duas maneiras de testar
seus pensamentos*

Se o que pensamos determina como nos sentimos e como o nosso sentimento guia nossas ações, então nossos pensamentos, como o primeiro elo na cadeia, desempenham um papel muito importante em nossas vidas. Nosso sucesso e felicidade estão baseados nesses pensamentos, mas, como aprendemos no capítulo sobre distorções desastrosas, nossos pensamentos, especialmente os automáticos, que surgem instantaneamente em situações sociais ativadoras, não são confiáveis e estão abertos à interpretação.

UM AMIGO NÃO RESPONDE À SUA MENSAGEM. O QUE VOCÊ PENSARIA?

Na próxima página, vamos examinar como três pensamentos diferentes sobre essa situação podem despertar três grupos distintos de sentimentos e ações.

PENSAMENTO Nº 1	ANSIEDADE	
ACHO QUE ELA NÃO GOSTA DE MIM.		NÃO MANDA MENSAGEM PARA UMA AMIGA, A MENOS QUE ELA MANDE MENSAGEM PARA VOCÊ
PENSAMENTO Nº 2	**RAIVA**	
ISSO FOI RUDE!		DISPENSA SEU TELEFONE E SUA AMIGA
PENSAMENTO Nº 3	**EMPATIA**	
PROVAVELMENTE ELA ESTÁ OCUPADA.		MANDA OUTRA MENSAGEM PARA A AMIGA, UM POUCO MAIS TARDE

Você pode muito bem estar pensando: "Então como eu sei qual pensamento é correto?". Essa é uma boa pergunta, e a resposta é que você nunca pode ter certeza de se que o que está pensando está correto, especialmente quando está pensando sobre o que as outras pessoas estão pensando. Contudo, você pode dar uma olhada um pouco mais de perto. Examinar os pensamentos automáticos que movem seus sentimentos e ações é um primeiro passo importante para avançar na direção dos seus objetivos.

TESTANDO OS PENSAMENTOS AUTOMÁTICOS

Há duas formas de testar um pensamento. A primeira delas é verificá-lo; se você identificar alguma distorção desastrosa, seu pensamento não é digno de confiança. A segunda forma é examinar o que esse pensamento o leva a *fazer* no fim das contas. Agir segundo esse pensamento o aproxima ou afasta dos seus objetivos e valores?

Vamos avaliar os dois primeiros pensamentos de Brandi quanto à sua confiabilidade, examinando toda a cadeia de pensamento-sentimento--comportamento que cada um deles ativou. Eles foram distorcidos? Eles a levaram a evitar a situação ou na direção do seu objetivo? Na direção da segurança ou de valores pessoais mais importantes?

Pensamentos automáticos	Distorções	Sentimentos	Comportamento	Direção Esquiva ou objetivos e valores?
"Ela não gosta de mim."	Leitura mental, catastrofização	Embaraço, vergonha	Não manda mensagem até se tranquilizar	Esquiva
"Isso foi rude."	Rotulação, desqualificação do que é positivo	Raiva, humilhação, desapontamento	Cancela a amiga	Esquiva
"Provavelmente ela está ocupada."			Manda outra mensagem mais tarde	Objetivos e valores

Dos três pensamentos, o nº 3 é o único que não tem distorções. Ele também estimula Brandi a permitir que sua mensagem não seja respondida, sem julgar a sua amiga. Se o objetivo de Brandi é manter relações com a amiga e ela valoriza a lealdade e a confiança, o pensamento nº 3 é o que passa no teste.

Este é Chris, checando suas redes sociais para ver as respostas às suas postagens, sem muita sorte. Acompanhe o quadro a seguir para ver como os diferentes pensamentos que Chris poderia ter podem conduzi-lo a diferentes direções.

Pensamentos automáticos	Distorções	Sentimentos	Comportamento	Direção Esquiva ou objetivos e valores?
"As pessoas não gostam de mim."	Leitura mental, catastrofização	Tristeza, desapontamento	Para de fazer postagens	Esquiva
"Eles acham minhas postagens estranhas."	Rotulação, leitura mental	Embaraço, vergonha, batimento cardíaco acelerado	Para de fazer postagens ou reelabora as postagens obsessivamente*	Esquiva
"Talvez se eu responder às postagens dos outros, eles vão responder mais às minhas."			Continua a postar	Objetivos e valores

Desses três pensamentos, apenas o terceiro move Chris na direção do seu objetivo de construir conexões nas redes sociais e do seu valor pessoal mais importante, que é ser autêntico. Esse pensamento também passa no teste de

---

* Deletar e reescrever as postagens obsessivamente é uma forma sutil de esquiva chamada de *comportamento de segurança*. Você vai aprender mais sobre comportamentos de segurança no Capítulo 11.

verificação dos fatos; é verdadeiro que as pessoas têm maior probabilidade de se aproximarem de alguém que se aproximou delas primeiro.

Vamos fazer esse exercício com Lucia, que acha que é uma interlocutora chata.

Pensamentos automáticos	Distorções	Sentimentos	Comportamento	Direção Esquiva ou objetivos e valores?
"Não tenho nada a dizer."	Perfeccionismo social	Insegurança	Não fala	Esquiva
"Eles estão notando como estou quieta."	Leitura mental, efeito holofote	Embaraço	Espera que alguém fale com ela	Esquiva
"Eles me acham estranha."	Rotulação, catastrofização	Vergonha	Afasta-se completamente	Esquiva

O que o afastamento de Lucia da conversa nos diz sobre a confiabilidade dos pensamentos que a levaram a esse comportamento?

_____

_____

_____

_____

Você consegue pensar em um pensamento para Lucia que passaria na verificação dos fatos e no teste dos valores?

_____

_____

_____

_____

Lembra-se de Bella, a garota que se apresentou a um grupo? Vamos desmembrar o cenário para ela.

Pensamentos automáticos	Distorções	Sentimentos	Comporta-mento	Direção Esquiva ou objetivos e valores?
"Quando eu falar, meu rosto vai ficar vermelho, e minha voz vai falhar."	Efeito holofote, catastrofização, perfeccionismo social	Ansiedade, embaraço	Abaixa a cabeça e fala pouco, para evitar ser vista ou ouvida	Esquiva
"Todos vão ver como estou ansiosa."	Efeito holofote, perfeccionismo social	Vergonha	Abaixa a cabeça e fala pouco, para evitar ser vista ou ouvida	Esquiva

Você consegue pensar em um pensamento para Bella nessa situação que passaria na verificação dos fatos e no teste dos valores?

_____
_____
_____
_____
_____

Examine uma situação social que deixa você ansioso. Se precisar de ideias, volte à cadeia de reações que preencheu na página 29. A próxima folha de exercícios vai ajudá-lo a testar seus pensamentos automáticos. Você pode baixar uma cópia da folha de exercícios na página do livro em loja.grupoa.com.br.

TESTE DOS PENSAMENTOS AUTOMÁTICOS

Situação	
Pensamentos automáticos	
Distorções	☐ **Catastrofização** (presumir o pior desfecho possível) ☐ **Desqualificação do que é positivo** (recusar-se a receber o crédito que você merece) ☐ **Rotulação** (colocar um rótulo negativo em si mesmo) ☐ **Efeito holofote** (pensar que todos estão observando você e/ou que o que você sente por dentro fica evidente externamente) ☐ **Leitura mental** (adivinhar o que os outros estão pensando ou vão pensar) ☐ **Comparação negativa** (comparar-se com outras pessoas que você acha populares ou bem-sucedidas) ☐ **Perfeccionismo social** (acreditar que erros são inaceitáveis)
Sentimentos	
Comportamento	
Direção Esquiva ou objetivos e valores?	

Você está indo bem; vamos fazer mais dois.

Situação	
Pensamentos automáticos	
Distorções	☐ **Catastrofização** (presumir o pior desfecho possível) ☐ **Desqualificação do que é positivo** (recusar-se a receber o crédito que você merece) ☐ **Rotulação** (colocar um rótulo negativo em si mesmo) ☐ **Efeito holofote** (pensar que todos estão observando você e/ou que o que você sente por dentro fica evidente externamente) ☐ **Leitura mental** (adivinhar o que os outros estão pensando ou vão pensar) ☐ **Comparação negativa** (comparar-se com outras pessoas que você acha populares ou bem-sucedidas) ☐ **Perfeccionismo social** (acreditar que erros são inaceitáveis)
Sentimentos	
Comportamento	
Direção Esquiva ou objetivos e valores?	

Situação	
Pensamentos automáticos	
Distorções	☐ **Catastrofização** (presumir o pior desfecho possível) ☐ **Desqualificação do que é positivo** (recusar-se a receber o crédito que você merece) ☐ **Rotulação** (colocar um rótulo negativo em si mesmo) ☐ **Efeito holofote** (pensar que todos estão observando você e/ou que o que você sente por dentro fica evidente externamente) ☐ **Leitura mental** (adivinhar o que os outros estão pensando ou vão pensar) ☐ **Comparação negativa** (comparar-se com outras pessoas que você acha populares ou bem-sucedidas) ☐ **Perfeccionismo social** (acreditar que erros são inaceitáveis)
Sentimentos	
Comportamento	
Direção Esquiva ou objetivos e valores?	

Agora, você provavelmente está pensando: "Certo, já entendi. Meus pensamentos automáticos estão distorcidos, e eles estão me levando a fazer coisas que não estão me ajudando a me mover na direção dos meus objetivos e valores. Mas não posso simplesmente bloqueá-los, não é? Não posso simplesmente *não* pensar neles".

Você não pode evitar ter pensamentos automáticos. Eles são automáticos. No entanto, você pode encontrar formas alternativas de pensar. O próximo capítulo vai lhe mostrar como.

8

Respondendo aos seus pensamentos
Treinando seu cérebro para desafiar e enfrentar

Alguma vez você já tentou não pensar em uma banana? Não é preciso que seja uma banana – pode ser uma palavra –, mas, hipoteticamente, vamos tentar com "banana". Durante os próximos trinta segundos, não pense em uma banana.
1... 2... 3... 4...

... 27... 28... 29... 30.

Você teve sucesso? Provavelmente não. Tentar afastar pensamentos de nossas mentes não vai nos livrar deles; na verdade, pode torná-los piores. O que podemos fazer é questioná-los.

PERGUNTAS DESAFIADORAS

Questionar o que estamos pensando é o primeiro passo para mudarmos nossas mentes. Como um adolescente socialmente ansioso, você terá muitas distorções desastrosas para questionar. Sempre que surgir um pensamento que se coloque no caminho para atingir seus objetivos e viver de acordo com seus valores, aborde-o com uma *pergunta desafiadora*.

Quais perguntas desafiadoras Alex poderia ter feito a si mesmo quando Ginelle apareceu?

Pensamento automático de Alex: Não vou saber o que dizer.

Distorção: perfeccionismo social.

Pergunta desafiadora dele: Tudo bem se eu só sorrir e dizer "olá"? Eu sei com certeza que não vou ter nada para dizer?

Pensamento automático de Alex: Ginelle vai me achar estranho.

Distorção: rotulação.

Pergunta desafiadora: Não dizer alguma coisa inteligente significa ser estranho?

Esse pensamento tinha mais de uma distorção, então vamos fazer novamente.

Pensamento automático de Alex: Ginelle vai me achar estranho.

Distorção: leitura mental.

Pergunta desafiadora dele: Eu sei com certeza o que Ginelle vai pensar?

Pensamento automático de Alex: Se eu ficar embaraçado na frente dela, ela vai contar para todos os seus amigos o quanto eu sou estranho, e então toda a escola vai achar que eu sou estranho.

Distorção: catastrofização.

Pergunta desafiadora dele: O que é mais provável que aconteça? Como eu poderia lidar com isso?

Depois da experiência...

Pensamento automático de Alex: Ela mal me reconheceu. Tudo o que ela fez foi dizer "olá".

Distorção: desqualificação do que é positivo.

Pergunta desafiadora dele: O que eu fiz de correto?

PENSAMENTOS DE ENFRENTAMENTO

Perguntas desafiadoras não são hipotéticas; elas merecem uma resposta. As respostas às perguntas desafiadoras se tornam seus *pensamentos de enfrentamento*. Vamos ver os pensamentos automáticos que Alex elaborou.

Pergunta desafiadora de Alex: Está correto apenas sorrir e dizer "olá"? Eu sei com certeza que não vou ter nada a dizer?

Pensamentos de enfrentamento dele: Pode ser que eu consiga pensar em alguma coisa para dizer. Tenho certeza de que consigo sorrir e dizer "olá". Isso já é alguma coisa.

Pergunta desafiadora de Alex: Não dizer alguma coisa inteligente significa ser estranho?

Pensamentos de enfrentamento dele: Quando outras pessoas não sabem o que dizer, eu não penso que elas são estranhas. Ginelle também pode não pensar que eu sou estranho.

Pergunta desafiadora de Alex: O que é mais provável que aconteça? Como eu poderia lidar com isso?

Pensamentos de enfrentamento dele: É improvável que toda a escola fique sabendo que eu falei com Ginelle. É mais provável que ela nem mesmo olhe para mim. Ela pode ter uma atitude rude e metida a besta. Se isso acontecesse, eu poderia falar a respeito com um amigo e, pelo menos, saberia que ela não é para mim.

Depois da experiência...

Pergunta desafiadora de Alex: O que eu fiz de correto?

Pensamentos de enfrentamento dele: Fui assertivo. Me aproximei dela e disse "olá". Provei a mim mesmo que sou mais corajoso do que pensava. Agora ela sabe que eu existo, e tenho uma chance de conhecê-la melhor.

Agora, é sua vez de criar perguntas desafiadoras e pensamentos de enfrentamento para seus próprios cenários produtores de ansiedade. Você pode baixar uma cópia da folha de exercícios na página do livro em loja.grupoa.com.br.

CRIE PERGUNTAS DESAFIADORAS E PENSAMENTOS DE ENFRENTAMENTO

Preencha o quadro a seguir com base em um dos seus pensamentos ansiosos. Sinta-se à vontade para usar estas perguntas desafiadoras:

- **Catastrofização:** *O que é mais provável que aconteça? Como eu poderia lidar com isso?*
- **Desqualificação do que é positivo:** *O que eu fiz de correto?*
- **Rotulação:** *Essa palavra se aplica a mim o tempo todo, em todas as situações?*
- **Efeito holofote:** *Ao que mais todos podem estar prestando atenção além de mim? As pessoas realmente se importam tanto assim com o que estou fazendo?*
- **Leitura mental:** *Que evidências tenho de que isso é o que as pessoas estão pensando?*
- **Comparação negativa:** *Estou me comparando com os outros de uma forma que me faz sentir pior sobre mim mesmo?*
- **Perfeccionismo social:** *Estou exigindo mais de mim do que exigiria de outros?*

Pensamentos ansiosos	
Distorções	☐ **Catastrofização** (presumir o pior desfecho possível)
	☐ **Desqualificação do que é positivo** (recusar-se a receber o crédito que você merece)
	☐ **Rotulação** (colocar um rótulo negativo em si mesmo)
	☐ **Efeito holofote** (pensar que todos estão observando você e/ou que o que você sente por dentro fica evidente externamente)
	☐ **Leitura mental** (adivinhar o que os outros estão pensando ou vão pensar)
	☐ **Comparação negativa** (comparar-se com outras pessoas que você acha populares ou bem-sucedidas)
	☐ **Perfeccionismo social** (acreditar que erros são inaceitáveis)
Pergunta desafiadora	
Pensamento de enfrentamento	

Ter uma alternativa aos pensamentos automáticos distorcidos que você vem usando há tanto tempo é uma ferramenta fundamental na batalha para vencer a ansiedade social. Os pensamentos de enfrentamento o ajudarão a lidar com as situações que você tem evitado e a avançar na direção dos seus objetivos e valores. Cada vez que escolhe agir de acordo com um pensamento de enfrentamento, em vez de segundo um pensamento automático ansioso, você cria uma nova cadeia de pensamento, sentimento e comportamento.

Ter uma ideia mais realista da ameaça de ser julgado e rejeitado é ótimo. Contudo, quando você começa a avançar na direção do que quer na vida, sempre há a possibilidade de você *realmente* ser julgado e rejeitado. No próximo capítulo, você vai conhecer as ferramentas que precisa para lidar com isso também.

9

Ao resgate!
Lidando com criticismo – real, imaginado e autoinfligido

Ser julgado ou criticado é sempre uma possibilidade em qualquer interação social. Isso acontece com todos, seja pessoalmente ou nas redes sociais, em que os comentários podem ser feitos mais impulsiva e publicamente. Receber menos curtidas que outros também pode parecer criticismo.

Mas, como já aprendemos, os adolescentes socialmente ansiosos superestimam a ameaça de que o criticismo direcionado a eles levará à rejeição – sendo expulsos do seu grupo. Já que evitam situações em que podem ser criticados, eles não aprendem a lidar com a crítica quando ela acontece. Contudo, se queremos estar conectados com os outros, seja *on-line*, seja frente a frente, precisamos ser capazes de lidar com criticismo ocasional.

O que eu quero dizer com "lidar"? Lidar significa "tolerar" ou "aguentar o sofrimento"? Não, lidar não é um comportamento passivo; é decididamente ativo. Significa ser assertivo, posicionar-se e vir em seu próprio socorro. Este capítulo vai lhe ensinar exatamente como fazer isso.

Para dominar as habilidades de enfrentamento, é preciso prática, mas não vamos esperar até que alguém o critique para começar a praticar. Teríamos de esperar muito tempo, pois o criticismo real, quando alguém realmente diz alguma coisa negativa sobre você, é o tipo mais raro de criticismo com que nos defrontamos. Muito mais comum é o criticismo que você experiencia dentro da sua própria mente. Sem poder saber com certeza o que os outros estão pensando, os adolescentes ansiosos imaginam o pior, que os outros estão observando tudo o que eles fazem com um olhar crítico. Para piorar as coisas, muito tempo depois que suas interações sociais terminaram, os adolescentes ansiosos com frequência lançam críticas sobre si mesmos, reprisando repetidamente o que disseram ou fizeram, culpando-se pelos seus erros.

Felizmente, você pode aprender a lidar com todos os três tipos de criticismo: o tipo real, o tipo imaginado e o tipo que você inflige a si mesmo. O exercício a seguir vai lhe mostrar como. Antes de você experimentar, vamos acompanhar Lucia e Brandi.

LUCIA

Lucia acha que precisa parecer interessante e inteligente quando fala com as pessoas – perfeccionismo social. Com frequência, ela evita conversas, preocupada com a possibilidade de que os outros achem que ela é chata. Quando reúne coragem para falar com alguém, posteriormente fica obcecada com a possibilidade de a outra pessoa ter ficado entediada com ela e de que não queira ser sua amiga. Para se sentir confiante ao participar de conversas, Lucia queria sentir que é capaz de lidar com o fato de ser criticada pelos outros. No entanto, como não conseguiu pensar em alguma situação em que alguém realmente lhe disse que ela era chata, para este exercício, ela usou uma situação em que imaginou que estava sendo criticada – leitura mental.

Lucia estava se culpando por tentar puxar conversa com Sara, sua colega de inglês, perguntando se ela havia terminado o resumo do livro que deveria ser entregue naquela sexta-feira. Sara respondeu que "sim", sem dizer mais nada. Lucia imaginou que Sara não continuou a conversa porque achou que ela estava sendo chata.

EXEMPLO: FOLHA DE EXERCÍCIOS DE ENFRENTAMENTO DO CRITICISMO DE LUCIA

1. Primeiro, Lucia pensa em uma situação em que foi criticada, ou poderia ser – nesse caso, imaginando que Sara acha que ela é chata.

   Situação: Perguntando à Sara sobre o resumo do livro na aula.

2. A seguir, ela escreve a pior coisa que imaginou que Sara estaria pensando sobre ela.

   Criticismo: Não sei por que você está me perguntando sobre o resumo, você não tem nada de interessante para falar?

3. Lucia precisa pensar em uma resposta assertiva. Ela não precisa convencer Sara de que não é chata. "Assertiva" significa posicionar-se, sem ser defensiva ou agressiva.

   Resposta assertiva: Esse pode não ter sido o assunto mais interessante para você, mas foi tudo o que consegui pensar. Só estou tentando ser simpática e conhecer você.

4. Esse é um bom começo. Agora, Lucia imagina a pior coisa que Sara poderia pensar ou dizer ao reagir à sua resposta.

   Novo criticismo: Bem, eu não quero fazer amizade com alguém que me faz perguntas chatas e bobas.

5. Lucia responde assertivamente de novo.

   Resposta assertiva: Você tem direito à sua opinião. Eu acho que fazer uma pergunta chata é melhor do que não dizer nada.

6. Mais uma vez, Lucia imagina a pior coisa que Sara poderia pensar ou dizer diante da sua resposta.

   Novo criticismo: Você é chata, e não quero ser sua amiga.

7. E mais uma vez, Lucia replica assertivamente.

   Resposta assertiva: Ok. Não quero ser sua amiga se você se sente desse jeito. Ainda assim tenho orgulho de mim por ser simpática.

Depois de fazer esse exercício, Lucia sentiu-se um pouco menos ansiosa quanto à possibilidade de que Sara realmente a *estivesse* julgando naquele dia. Caso Sara fosse mesmo assim tão crítica, percebeu Lucia, não iria querer que ela fosse sua amiga. Ela parou de se criticar por tentar puxar conversa, e começou a se congratular por ser corajosa e seguir na direção dos seus valores de conexão e do seu objetivo de fazer novas amizades. Ela passou da catastrofização para o enfrentamento. Agora, Lucia também se sente um pouco mais confiante sobre conversas futuras em que outros possam julgá-la negativamente.

BRANDI

Agora, vamos examinar o exercício com Brandi. Ela compartilhou uma *selfie* nas redes sociais e, como temia, alguém, sua amiga Janine, a marcou em um comentário sarcástico. Vamos dar uma olhada em como Brandi se saiu com o exercício de enfrentamento.

EXEMPLO: FOLHA DE EXERCÍCIOS DE ENFRENTAMENTO DO CRITICISMO DE BRANDI

1. Primeiro, Brandi escreve uma descrição da situação na folha de exercícios.

   Situação: Postei uma selfie e recebi um comentário sarcástico de Janine.

2. A seguir, ela escreve a coisa crítica que a pessoa disse.

   Criticismo: "Seu cabelo está estranho na foto!!!"

3. Brandi precisa pensar em uma resposta assertiva. Ela não precisa convencer Janine de que sua foto é boa. "Assertiva" significa posicionar-se, sem ser defensiva ou agressiva.

   Resposta assertiva: Acho que meu cabelo parece bom nessa foto.

4. A seguir, Brandi imagina a pior coisa que Janine poderia dizer para sua resposta.

   Novo criticismo: Ele está com aparência desleixada.

5. Brandi responde assertivamente de novo.

   Resposta assertiva: Esse é o meu estilo. Eu gosto dele rebelde.

6. Mais uma vez, Brandi imagina a pior coisa que Janine poderia pensar ou dizer diante da sua resposta.

   Novo criticismo: Bem, ele não parece bom desse jeito.

7. E, mais uma vez, Brandi replica assertivamente.

   Resposta assertiva: Eu gosto assim, mesmo que você não goste.

Entendeu a ideia? Agora é sua vez. Pense em uma situação social em que você teve medo de ser julgado ou criticado por alguém. Ou, como Brandi, você pode escolher uma situação em que alguém realmente disse alguma coisa crítica.

Ainda que possa fazer esse exercício inteiramente na sua cabeça, você obterá melhores resultados se escrever a conversa. Então, poderá encontrar alguém para fazer o papel do crítico ou, como geralmente somos nossos piores críticos, você pode facilmente desempenhar os dois papéis na interação. Você pode baixar uma cópia da folha de exercícios na página do livro em loja.grupoa.com.br

FOLHA DE EXERCÍCIOS: LIDANDO COM O CRITICISMO

1. Situação social que ativa a ansiedade:
   _____

2. O que você teme que os outros possam pensar ou dizer sobre você?
   _____
   _____
   _____

3. Se alguém realmente dissesse ou fizesse alguma coisa crítica, o que seria uma resposta assertiva?
   _____
   _____
   _____

4. Imagine que o criticismo persiste. O que essa pessoa diria?
   _____
   _____
   _____

5. Elabore outra resposta assertiva que você poderia dar.

_____

_____

_____

6. O que o crítico diria?

_____

_____

_____

7. Como você pode continuar a se posicionar?

_____

_____

_____

Quanto mais frequentemente você praticar exercícios de enfrentamento no papel, mais capaz será de se posicionar quando precisar. Lembre-se de que, toda vez que ocorrer criticismo com você, seja o tipo real ou imaginado, sempre há uma opção. Você pode se repreender ou pode ser compassivo consigo mesmo. Qual das opções você vai escolher?

Com isso em mente, prossiga com a leitura. No próximo capítulo, você vai conhecer a melhor maneira de praticar a aplicação de tudo o que aprendeu até aqui, sem se sentir sobrecarregado.

10

Construindo a escada
Da esquiva para a ação

Vamos voltar ao nosso amigo Alex. Ele fez um bom trabalho definindo seus valores e entende como a esquiva de situações assustadoras o afasta ainda mais da obtenção do que deseja. Ele identificou os pensamentos automáticos que movem seus sentimentos ansiosos e seu comportamento de esquiva, examinou esses pensamentos para identificar as distorções, formulou perguntas desafiadoras e elaborou pensamentos de enfrentamento. Ele deveria estar bem agora, certo? O comportamento de esquiva já não deveria ter desaparecido para ele e para você, também, se estão fazendo o trabalho contido neste livro?

Não tão rápido. Os pensamentos de enfrentamento não vão simplesmente substituir seus pensamentos ansiosos distorcidos. Como vampiros, esses pensamentos vão viver para sempre, a menos que sejam expostos à luz do sol. Para realmente desafiarmos o modo como pensamos, precisamos nos expor às situações sociais que temos evitado, em que os julgamentos negativos dos outros podem realmente acontecer, para que possamos praticar como enfrentá-los. Para que Alex conquiste confiança em si mesmo, ele terá de realmente falar com Ginelle. Alex precisa transformar sua situação de esquiva em uma situação de *exposição*.

FOLHA DE EXERCÍCIOS DE IDEIAS PARA EXPOSIÇÃO

Reserve um momento para escolher sua situação de esquiva a ser transformada em uma exposição. Considere cada situação no quadro a seguir. Classifique-a quanto ao grau em que é assustadora e marque a caixa que, levando em consideração seus objetivos e valores, melhor indica o quanto cada situação é importante para você. Na parte inferior da lista, há algumas linhas em branco, nas quais você pode escrever suas próprias situações.

Situação de esquiva	O quanto é assustadora 1–3 1 = Não tão assustadora 3 = Muito assustadora	O quanto é importante 1–3 1 = Não tão importante 3 = Muito importante
Iniciar ou participar de uma conversa		
Responder a perguntas em aula		
Convidar um amigo para sair		
Fazer uma prova		
Mandar uma mensagem para alguém que você não conhece bem		
Entrar em uma sala onde os outros já estão sentados		
Escrever no quadro, na sala de aula		
Postar comentários ou fotos nas redes sociais		
Trabalhar com um grupo de adolescentes		

Participar da aula de educação física		
Criar um perfil em uma rede social		
Andar pelos corredores ou até o seu armário		
Fazer uma pergunta ou pedir ajuda a um professor		
Responder a uma mensagem que alguém lhe enviou		
Usar os banheiros da escola ou banheiros públicos		
Comer em frente aos outros		
Escrever em frente aos outros		
Atender ou falar ao telefone		
Apresentar-se em público		
Apresentar um relato ou ler em voz alta em frente à turma		
Falar com adultos (p. ex., balconistas, garçons, diretor)		
Falar com uma pessoa nova ou pouco familiar		
Participar de festas, bailes ou noites de atividades na escola		
Ter sua foto tirada (p. ex., para o anuário escolar)		
Namorar		

Agora que você já identificou quais das situações que têm evitado são mais importantes para você, vamos escolher uma na qual começar a trabalhar. Deve ser uma situação que reflita seus valores. Você vai transformar essa situação de esquiva em uma exposição.

Não se preocupe, ninguém vai pressioná-lo a mergulhar de cabeça na exposição. Você vai construir sua própria escada pessoal até o topo, uma *escada de exposição*, com degraus manejáveis, que você pode galgar no seu próprio ritmo.

A ESCADA DE EXPOSIÇÃO

Para nos ajudar a compreender melhor como funciona uma escada de exposição, vamos examinar a escada que Alex criou para si. O objetivo dele era convidar Ginelle para sair, o que ele classificou como um 10 quanto ao seu grau de medo. Expor-se àquele nível de embaraço parecia um objetivo impossível, e seguramente não era algo que ele conseguiria atingir de repente. Alex colocou no alto da sua escada convidar Ginelle para um encontro, com degraus menores e menos assustadores conduzindo até o topo.

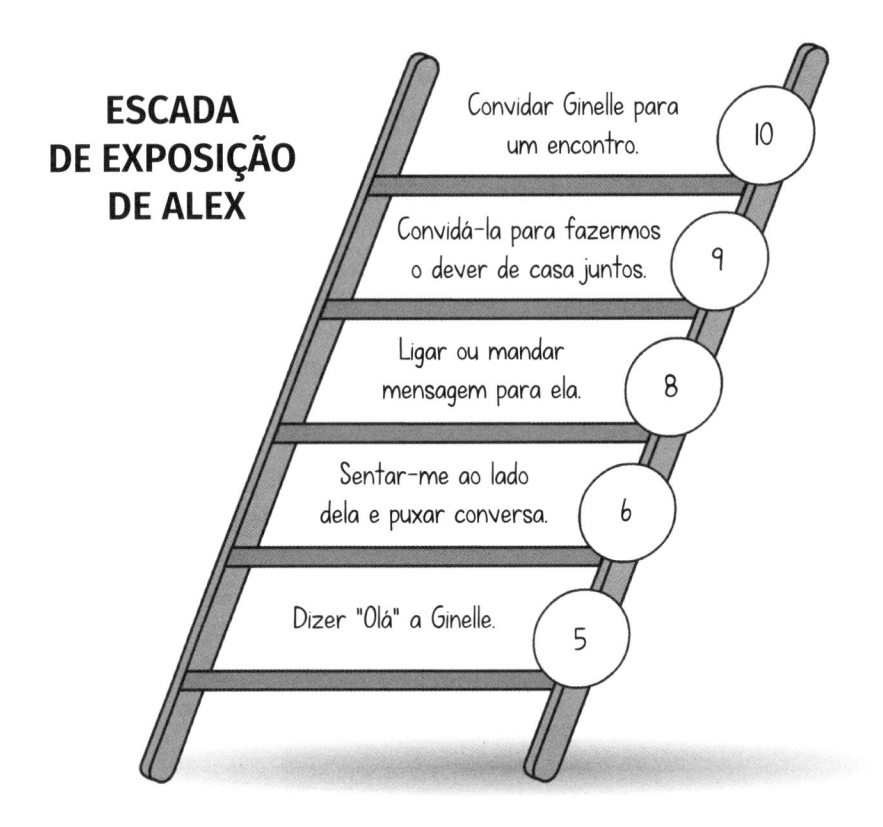

ESCADA DE EXPOSIÇÃO DE ALEX

- Convidar Ginelle para um encontro. — 10
- Convidá-la para fazermos o dever de casa juntos. — 9
- Ligar ou mandar mensagem para ela. — 8
- Sentar-me ao lado dela e puxar conversa. — 6
- Dizer "Olá" a Ginelle. — 5

A seguir, estão vários exemplos de escadas construídas para situações comuns de esquiva/exposição. A ordem dos degraus provavelmente seria diferente para cada pessoa que completasse a escada. Classifique o quanto cada exposição seria assustadora para você, colocando um número de 1 a 10 no círculo.

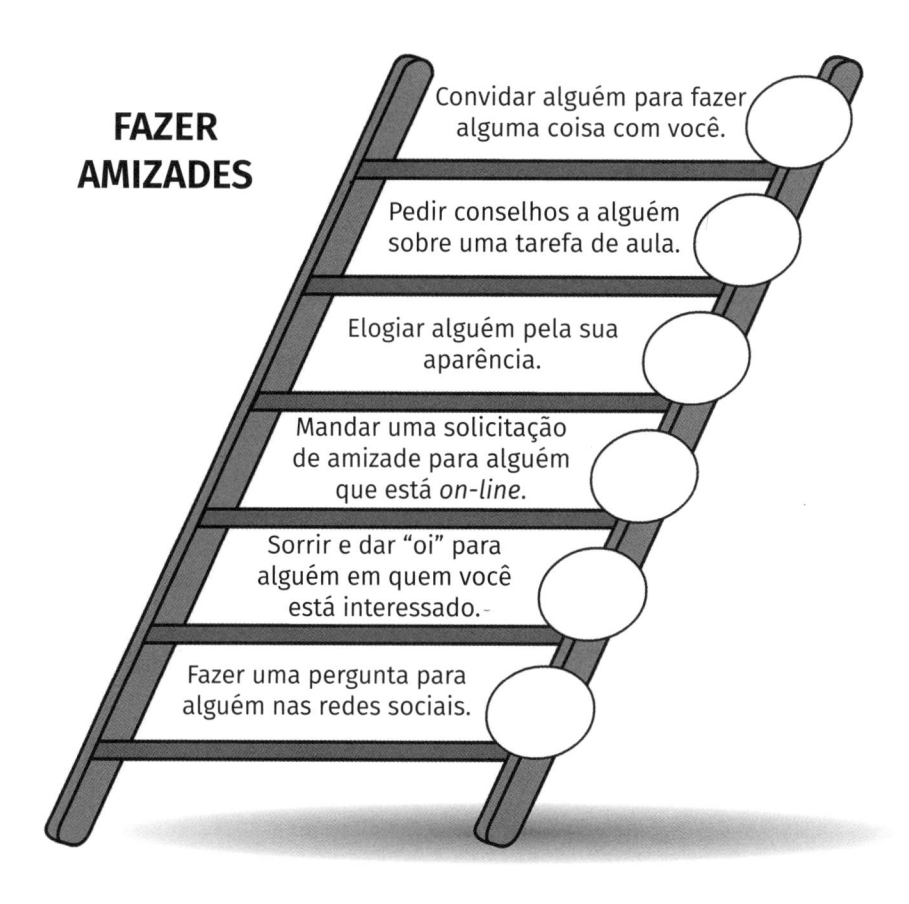

FAZER AMIZADES

- Convidar alguém para fazer alguma coisa com você. ◯
- Pedir conselhos a alguém sobre uma tarefa de aula. ◯
- Elogiar alguém pela sua aparência. ◯
- Mandar uma solicitação de amizade para alguém que está *on-line*. ◯
- Sorrir e dar "oi" para alguém em quem você está interessado. ◯
- Fazer uma pergunta para alguém nas redes sociais. ◯

PUXAR CONVERSA

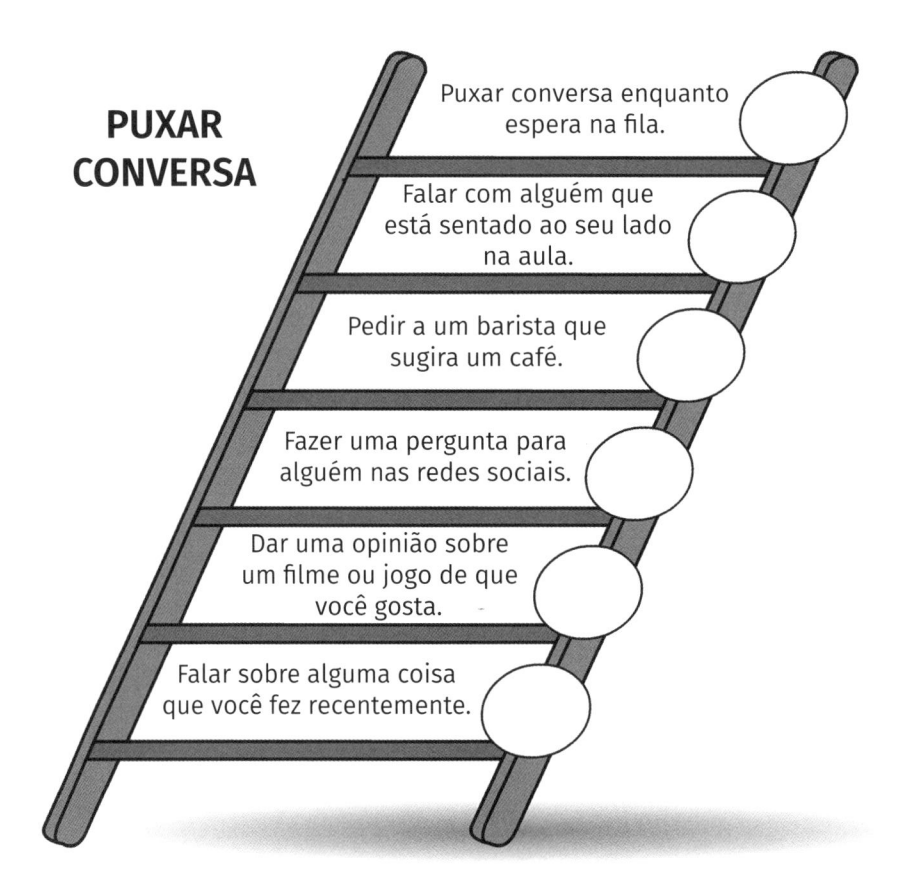

- Puxar conversa enquanto espera na fila.
- Falar com alguém que está sentado ao seu lado na aula.
- Pedir a um barista que sugira um café.
- Fazer uma pergunta para alguém nas redes sociais.
- Dar uma opinião sobre um filme ou jogo de que você gosta.
- Falar sobre alguma coisa que você fez recentemente.

NAMORAR

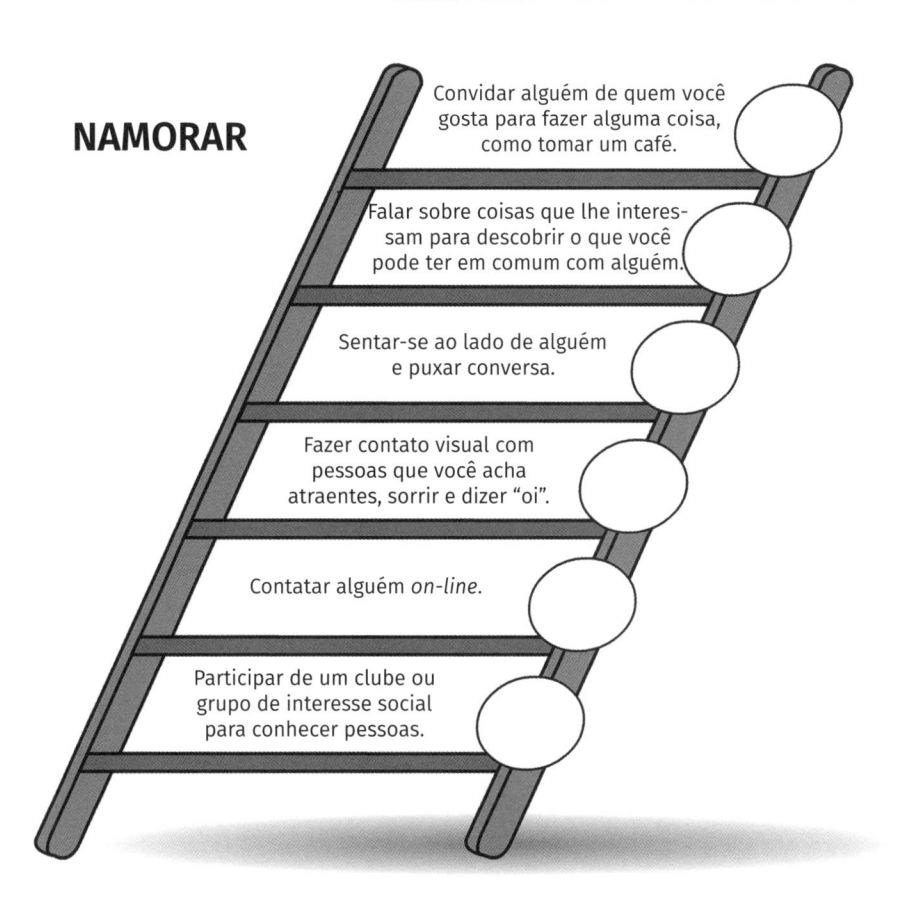

- Convidar alguém de quem você gosta para fazer alguma coisa, como tomar um café.
- Falar sobre coisas que lhe interessam para descobrir o que você pode ter em comum com alguém.
- Sentar-se ao lado de alguém e puxar conversa.
- Fazer contato visual com pessoas que você acha atraentes, sorrir e dizer "oi".
- Contatar alguém *on-line*.
- Participar de um clube ou grupo de interesse social para conhecer pessoas.

FALAR EM AULA

- Apresentar um relato oral.
- Falar em frente a turma como parte do projeto em grupo.
- Dar uma opinião em uma discussão em aula.
- Levantar a mão para responder a uma pergunta.
- Ser voluntário para ler em voz alta.
- Fazer uma pergunta.

USAR AS REDES SOCIAIS

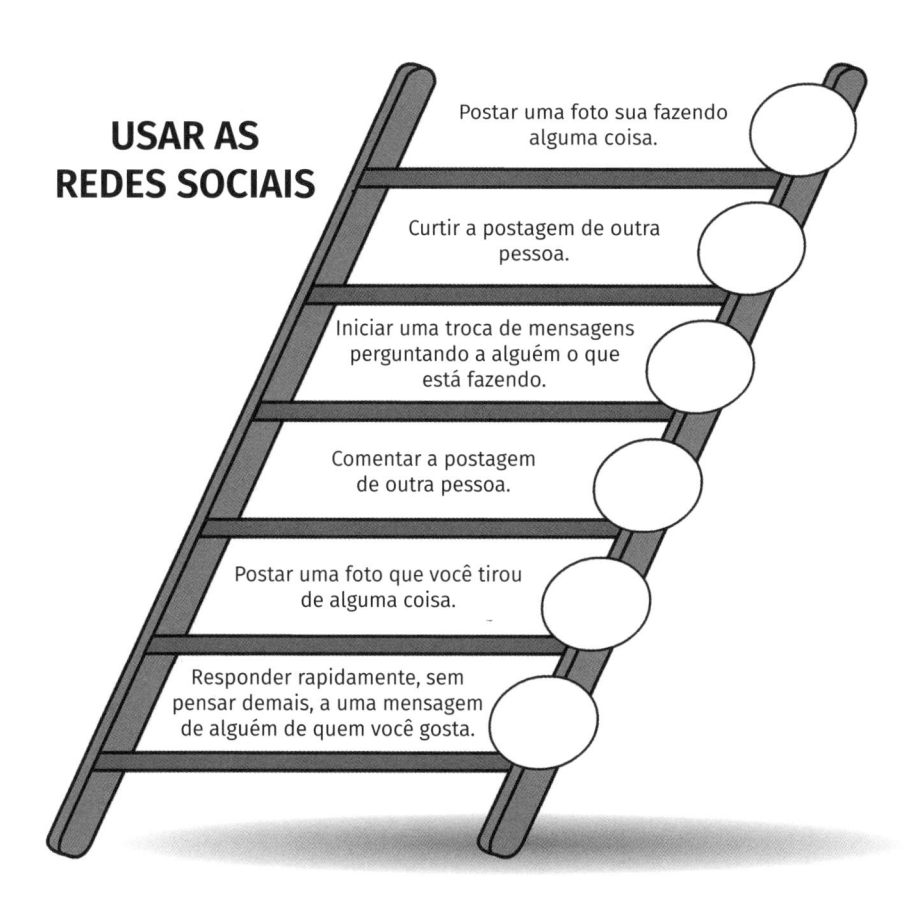

- Postar uma foto sua fazendo alguma coisa.
- Curtir a postagem de outra pessoa.
- Iniciar uma troca de mensagens perguntando a alguém o que está fazendo.
- Comentar a postagem de outra pessoa.
- Postar uma foto que você tirou de alguma coisa.
- Responder rapidamente, sem pensar demais, a uma mensagem de alguém de quem você gosta.

O próximo exercício vai ajudá-lo a criar sua própria escada de exposição. Você pode baixar uma cópia da folha de exercícios na página do livro em loja.grupoa.com.br.

FOLHA DE EXERCÍCIOS DA ESCADA DE EXPOSIÇÃO

Agora, está na hora de construir a sua escada. Inicie escrevendo a situação de esquiva mais importante para você no degrau superior. No degrau inferior, escreva o passo menos assustador que consegue pensar que o conduziria nessa direção. Por exemplo, se o seu degrau superior é fazer uma apresentação em aula, seu degrau inferior poderia ser contar uma piada para um amigo. Um a um, preencha os degraus intermediários da sua escada, de modo que cada exposição se apoie na anterior.

Tenha sua escada de exposição à mão; você vai precisar dela no próximo capítulo, quando aprenderá como passar da etapa da construção para realmente subir essa escada.

11

Mapeando o sucesso
Preparando-se e avaliando as exposições

Você já completou sua escada de exposição? Ótimo, bom trabalho! Você está quase pronto para começar a subida.

É provável que você não esteja aproveitando a oportunidade para fazer sua primeira exposição; é possível que você já tenha tentado alguma coisa parecida no passado e lamente por isso. Contudo, desta vez, você terá uma nova estratégia e uma forma mais acurada de avaliar seus resultados. Além disso, você terá uma ferramenta de apoio poderosa para ajudá-lo a executar essa estratégia e sua avaliação. Ela é chamada de *gráfico de exposição*.

GRÁFICO DE EXPOSIÇÃO

Um gráfico de exposição tem duas partes. A primeira é a *pré-exposição*, que define o modo de pensar do perfeccionista social que conduziu à esquiva dessa situação no passado e traça uma nova estratégia para avançar. Você provavelmente já ouviu o ditado: "O sucesso é constituído por 90% de preparação e 10% de inspiração". Isso é especialmente verdadeiro para seu sucesso na superação da ansiedade social. Quanto mais ansioso você estiver sobre uma exposição, mais crucial será se preparar com esse gráfico.

A segunda parte do gráfico de exposição é a *pós-exposição*. Essa parte deve ser preenchida posteriormente para ajudar a avaliar como você se saiu. Mais provavelmente, você se sairá melhor do que pensava, e a pós-exposição vai ajudá-lo a obter uma perspectiva acurada.

Para entender como o preenchimento de um gráfico de exposição o ajudará a ter domínio sobre uma situação social, vamos acompanhar Alex enquanto ele traça sua estratégia para se apresentar à Ginelle.

Preparação pré-exposição

Alex inicia nomeando a *exposição* que escolheu, o degrau mais baixo da sua escada. No segundo campo, ele escreve seu *objetivo perfeccionista*, a expectativa irreal que criou para si mesmo no passado quando estava perto de Ginelle. O perfeccionismo social não dá margem para erros ou surpresas, e, se Alex tentar essa exposição acreditando que precisa se manter calmo e confiante para ter sucesso, estará fadado ao fracasso.

Em seguida, está a *predição ansiosa* – o que ele teme que aconteça (e, provavelmente, tem certeza de que irá acontecer) quando se aproximar de Ginelle. As previsões ansiosas de Alex estão baseadas em uma ou mais das *distorções desastrosas* sobre as quais aprendemos. Elas estão listadas no campo seguinte, e Alex marca quatro que se aplicam a ele.

EXEMPLO: GRÁFICO PRÉ-EXPOSIÇÃO DE ALEX, PARTE A

Exposição	*Que situação temida você está enfrentando?* Dizer "olá" à Ginelle.
Objetivo perfeccionista	*Como você acha que deveria agir e parecer nessa situação?* Calmo e confiante.
Predição ansiosa	*O que você teme que aconteça?* Vou parecer nervoso. Ela vai me achar estranho ou assustador.
Distorções	*Em que pensamentos distorcidos sua predição ansiosa se baseia?* ☐ Catastrofização (presumir o pior desfecho possível) ☒ Desqualificação do que é positivo (recusar-se a receber o crédito que você merece) ☒ Rotulação (colocar um rótulo negativo em si mesmo) ☐ Efeito holofote (pensar que todos estão lhe observando e/ou que o que você sente por dentro fica evidente externamente) ☒ Leitura mental (adivinhar o que os outros estão pensando ou vão pensar) ☐ Comparação negativa (comparar-se com outras pessoas que são populares ou bem-sucedidas) ☒ Perfeccionismo social (acreditar que erros são inaceitáveis)
Comportamento de segurança	*O que você normalmente faria para evitar que sua predição ansiosa aconteça?*

Essa primeira seção do gráfico pré-exposição de Alex está quase completa; há apenas mais uma pergunta importante que ele precisa responder: *Sempre que Alex estava muito perto de Ginelle, no passado, o que ele fez para evitar parecer nervoso e ser julgado por ela?*

Alex teve de pensar sobre isso. Ele se lembrou de ter sentado perto de Ginelle em uma aula no ano anterior. Ele até lhe dirigiu algumas palavras, brevemente, em uma discussão sobre um teste que ela e outros alunos da turma estavam fazendo. Contudo, antes de abrir a boca, ele ensaiou mentalmente o que ia dizer para que não soasse como algo idiota. Ele nunca olhou para Ginelle diretamente, e falou somente sobre o teste, não sobre alguma coisa pessoal. No momento em que terminou suas palavras ensaiadas e a conversa se tornou espontânea, Alex paralisou. Ele fixou os olhos no chão e esperou até que o grupo se dispersasse e a crise tivesse passado.

O que Alex fez é chamado de *comportamento de segurança*, e essa é outra forma mais sutil de esquiva. Comportamentos de segurança são o que fazemos para evitar que as coisas que temos ocorram. É como nadar usando boias para não se afogar. Sim, você está dentro d'água, mas não está realmente nadando. O uso de boias pode ajudá-lo a ganhar confiança em boias, não em sua habilidade de se manter flutuando.

Estes são alguns exemplos de comportamentos de segurança:

- *Ligar para um amigo, mas primeiro planejar o que você vai dizer.*
- *Ir a uma festa, mas não puxar conversa.*
- *Convidar alguém para sair, mas não a pessoa em quem você realmente está interessado.*
- *Reescrever textos, postagens ou comentários para que fiquem perfeitos.*
- *Ir à escola, mas evitar olhar as pessoas nos olhos.*
- *Falar somente com pessoas que não o intimidam.*
- *Sentar-se no fundo da sala de aula para que as pessoas não possam observá-lo.*
- *Usar álcool ou outras drogas em reuniões sociais.*
- *Nunca pedir em restaurantes coisas que você tem medo de pronunciar errado.*
- *Gastar um longo tempo até obter uma foto perfeita para compartilhar nas redes sociais.*

Alex sabe, por experiências passadas, que, quando está perto de garotas por quem está atraído, ele evita o contato visual e nunca diz nada que não tenha ensaiado primeiro em sua mente. Se agora ele fizer isso com Ginelle, não se exporá ao que teme, à sua predição ansiosa. Escrever o comportamento de segurança que ele usou no passado o ajudará a se lembrar do que não fazer.

Comportamento de segurança	*O que você normalmente faz para evitar que sua predição ansiosa aconteça?* Evito contato visual, ensaio o que vou dizer.

Nessa altura, Alex descreveu a estratégia que o mantinha evitando Ginelle. Na segunda parte do gráfico, Alex descreve a nova estratégia que vai ajudá-lo a se aproximar dela. O primeiro campo pergunta sobre o *objetivo realista* que Alex vai definir para si mesmo, para substituir seu velho objetivo perfeccionista. Seu objetivo realista deve ser claramente definido, alguma coisa que ele possa atingir, mesmo que possa parecer nervoso enquanto realiza. (Obs.: o objetivo realista não deve permitir um comportamento de segurança.) Se Alex se aproximar de Ginelle e disser "olá", independentemente de como ela reagir ou responder, Alex recebe um A+.

Isso provavelmente vai ativar pensamentos distorcidos e muita ansiedade, o que nos leva ao próximo campo, o *pensamento de enfrentamento* de Alex. Um pensamento de enfrentamento é uma combinação do desafio aos nossos pensamentos distorcidos e de como saímos em nossa defesa. O pensamento de enfrentamento de Alex vai ajudar a lhe dar coragem para continuar avançando na direção do seu objetivo de cumprimentar Ginelle.

Por fim, Alex precisa responder à pergunta mais importante que ele pode se fazer: *Que valor pessoal está me guiando nessa direção?* Ele precisará ter isso preparado em sua mente quando as coisas ficarem difíceis; essa é a bússola que vai mantê-lo no curso.

EXEMPLO: GRÁFICO PRÉ-EXPOSIÇÃO DE ALEX, PARTE B

Objetivo realista	*O que você consegue realizar, mesmo que se sinta ansioso?* Sorrir, olhar nos olhos dela, tentar iniciar uma conversa.
Pensamento de enfrentamento	*O que você pode lembrar a si mesmo quando estiver se sentindo mais ansioso?* Só estou sendo simpático. Se ela reagir negativamente comigo, posso lidar com isso. Pode ser que ela nem mesmo seja a garota certa para mim.
Valores	*O que motiva você a se mover nessa direção?* Crescimento (Conexão) Honestidade (Autoexpressão) Diversão Autenticidade Espontaneidade Risco Aventura Criatividade Independência (Coragem)

Isso completa a parte de pré-exposição do gráfico. Alex agora está plenamente preparado para a exposição.

Fazendo a exposição

À medida que se aproxima o momento que ele escolheu para abordar Ginelle, previsivelmente os pensamentos ansiosos de Alex se intensificam. Seu coração está batendo mais rápido, sua face está ficando quente, seus músculos estão tensos e suas mãos estão tremendo. A mente dele está lhe dizendo para não fazer isso, que ele não terá nada para dizer e ela vai achar que ele é um idiota. Ele pensa que vai ficar evidente para Ginelle o quanto ele está nervoso e ela vai vê-lo como fraco e estranho. Se ele ouvir seus pensamentos nesse momento, vai enfiar a cabeça dentro do armário.

Se Alex quiser prosseguir com essa exposição, ele terá de seguir mesmo com o velho tambor ruidoso dos pensamentos ansiosos, que tem rufado em sua cabeça há anos, cada vez que uma garota atraente está por perto. Ele está farto dessa trilha sonora, mas, quando ela se intensifica, sente-se ansioso, e, quando se sente ansioso, seus pés o levam para longe dos seus objetivos e valores.

A conclusão é que Alex terá de decidir qual ritmo dançar – o de seus objetivos e valores ou o da sua ansiedade. Ele não vai avançar na direção de seus valores se voltar a atenção para seus pensamentos automáticos e sentimentos ansiosos. Na vida, assim como nos esportes, vencemos mantendo os olhos e ouvidos no prêmio.

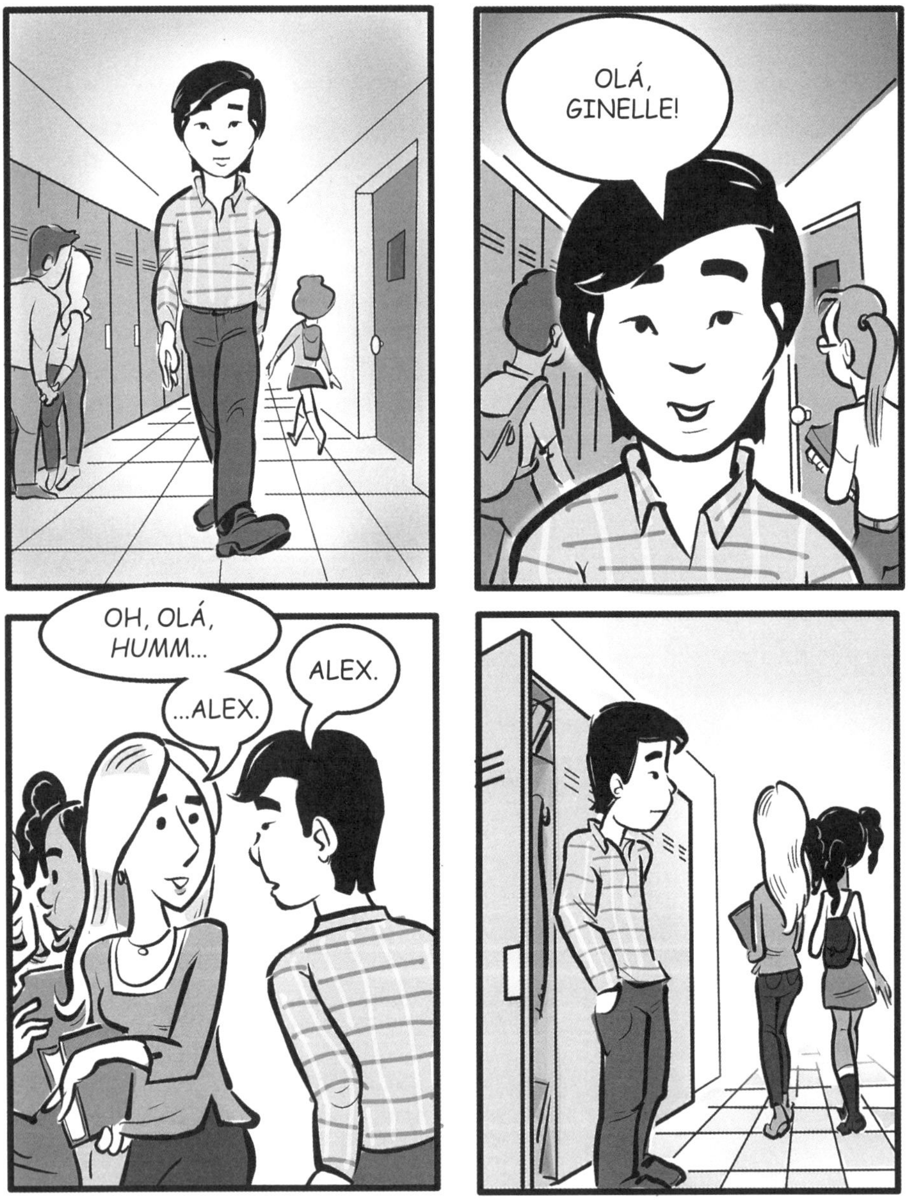
OLÁ, GINELLE!
OH, OLÁ, HUMM...
...ALEX.
ALEX.

Avaliação pós-exposição

Bem, aquilo foi estranho! Alex está radiante e aliviado. Poderíamos estar nos perguntando, valeu a pena? Ginelle não deu um belo sorriso nem se apaixonou por Alex na hora. Ela não conseguiu nem mesmo lembrar o nome dele. Alex não tem muita certeza do que ela pensa sobre ele agora; ela pode até mesmo estar rindo dele. Teria sido melhor se Alex simplesmente tivesse evitado toda aquela preparação e sofrimento?

Depois de uma interação social, e certamente depois de uma exposição como a de Alex, as pessoas tímidas frequentemente têm dúvidas sobre si mesmas, ficando obcecadas sobre o que podem ter feito de errado. Pensamentos como: "Eu deveria ter dito..." e "Por que eu não...?" ecoam em suas mentes. Ficar revendo o que elas deveriam ter feito é mais um pensamento perfeccionista. Ninguém consegue satisfazer esse padrão, e, se avaliar sua experiência segundo esses termos, Alex vai se sentir um fracasso e voltará a evitar Ginelle.

As coisas importantes para Alex perguntar a si mesmo são: "Eu atingi meu objetivo realista?" e "Eu avancei na direção dos meus valores?". A resposta é sim para as duas perguntas. Para ajudá-lo a valorizar o que conquistou e interromper seu pensamento do tipo "deveria, poderia", Alex preencheu o gráfico pós-exposição.

EXEMPLO: GRÁFICO PÓS-EXPOSIÇÃO DE ALEX

Eu atingi meu objetivo realista? Como?	Sim. Me aproximei de Ginelle, sorri e disse "olá".
Eu usei comportamentos de segurança? O que eu fiz em vez disso?	Não. Falei de forma clara e olhei diretamente nos olhos dela.
Como eu avancei na direção dos meus valores?	Fui simpático e verdadeiro.
Qual foi o desfecho real?	Agora Ginelle sabe meu nome. Ela sabe que eu sou simpático e que estou interessado nela.
O que eu aprendi?	Eu disse "olá" e não foi tão ruim quanto eu achava que seria, e não tão bom quanto eu esperava, mas tudo bem, estou feliz por ter feito isso.

Agora, Alex está na piscina, e a água está mais ou menos pelos tornozelos. Esse parece ser um pequeno passo, mas é um passo importante. Ginelle pode ou não se lembrar dele da próxima vez que seus caminhos cruzarem, mas, se ele continuar usando a bússola dos seus valores, vai conhecê-la melhor. Ele pode se tornar amigo dela, ou pode descobrir que Ginelle na verdade não é seu tipo e acabar procurando outras garotas. De qualquer modo, o mundo de Alex está se abrindo. Ele não será perfeito; ele certamente cometerá erros, e provavelmente terá de tolerar muitos pensamentos e sentimentos ansiosos, mas, agora, este mundo está um pouco maior e é mais interessante viver nele. Seu mundo também pode ser expandido. Você está pronto para agir de acordo com o que é importante para você e avançar na direção dos seus valores?

Na próxima página, encontram-se os gráficos pré e pós-exposição para você. Comece com o aspecto menos assustador da sua situação de esquiva, preferivelmente um com um fator de medo inferior a 5. Lembre-se de que, ainda que este seja o degrau mais baixo da sua escada, ele deve ser tratado tão seriamente quanto se fosse o mais alto.

Reflita cuidadosamente sobre cada campo no gráfico. Assim como uma escada, cada passo do gráfico ajuda a prepará-lo para o passo seguinte.

Depois de ter terminado a seção pré-exposição, comprometa-se com uma data e hora. Então, prossiga com a exposição. Não deixe que a tagarelice da sua mente de macaco o distraia. E não se esqueça de fazer o acompanhamento com o gráfico pós-exposição que está esperando por você. Você pode baixar uma cópia das folhas de exercícios na página do livro em loja.grupoa.com.br.

GRÁFICO PRÉ-EXPOSIÇÃO, PARTE A

Exposição	*Que situação temida você está enfrentando?*
Objetivo perfeccionista	*Como você acha que deveria agir e parecer nessa situação?*
Predição ansiosa	*O que você teme que aconteça?*
Distorções	*Em que pensamentos distorcidos sua predição ansiosa se baseia?* ☐ Catastrofização (presumir o pior desfecho possível) ☐ Desqualificação do que é positivo (recusar-se a receber o crédito que você merece) ☐ Rotulação (colocar um rótulo negativo em si mesmo) ☐ Efeito holofote (pensar que todos estão lhe observando e/ou que o que você sente por dentro fica evidente externamente) ☐ Leitura mental (adivinhar o que os outros estão pensando ou vão pensar) ☐ Comparação negativa (comparar-se com outras pessoas que são populares ou bem-sucedidas) ☐ Perfeccionismo social (acreditar que erros são inaceitáveis)
Comportamento de segurança	*O que você normalmente faria para evitar que sua predição ansiosa aconteça?*

GRÁFICO PRÉ-EXPOSIÇÃO, PARTE B

Objetivo realista	*O que você consegue realizar, mesmo que se sinta ansioso?*
Pensamento de enfrentamento	*O que você pode lembrar a si mesmo quando estiver mais ansioso?*
Valores	*O que motiva você a se mover nessa direção?* Crescimento Conexão Honestidade Autoexpressão Diversão Autenticidade Espontaneidade Risco Aventura Criatividade Independência Coragem

Data da exposição: _____   Hora: _____

GRÁFICO PÓS-EXPOSIÇÃO

Eu atingi meu objetivo realista? Como?	
Eu usei comportamentos de segurança? O que eu fiz em vez disso?	
Como eu avancei na direção dos meus valores?	
Qual foi o desfecho real?	
O que eu aprendi?	

Não continue a ler este livro até ter feito sua primeira exposição. No próximo capítulo, vamos lhe mostrar como cada etapa na escada torna o passo seguinte possível.

12

A escada de Bella
Exposição, exposição, exposição

Agora que você já começou a fazer exposições, está em um novo caminho, seguindo em uma direção desconhecida. Você vai precisar consultar sua bússola de valores com frequência. Haverá situações novas e mais desafiadoras a cada curva, bem como tentadores desvios de esquiva que prometem acalmar seus medos. Para continuar a avançar e atingir seus objetivos, você precisará repetir o processo de exposição inúmeras vezes. A boa notícia é que cada exposição, se feita corretamente, constrói *insight* e confiança, tornando possível viver uma vida de acordo com seus valores.

BELLA

Para auxiliá-lo a entender como exposições repetidas o ajudam a subir a escada, vamos acompanhar Bella enquanto ela sobe a dela. Bella começou escolhendo alguma coisa da lista principal de situações de esquiva no Capítulo 1 – nesse caso, situações em que as pessoas a veriam ruborizar. Essa esquiva tem sido um problema para ela, pois interfere quando precisa responder ou fazer perguntas em aula, conversar com os amigos e candidatar-se a empregos. Todas essas coisas eram compatíveis com seus valores, que eram compartilhar mais sobre si e ser conhecida pelos outros, ingressar na faculdade (ela precisaria participar em aula para ter notas melhores) e ser mais independente.

Bella decidiu que fazer entrevistas para um trabalho de verão, o que representava seu valor de independência, seria um ótimo objetivo. Como essa também era a coisa mais assustadora em que conseguia pensar, ela colocou-a no topo da sua escada. Então, planejou seu caminho, descendo os degraus e listando as exposições cada vez menos assustadoras que ela poderia fazer para avançar na direção do seu objetivo.

ESCADA DE EXPOSIÇÃO DE BELLA

Degrau	Exposição
10	Fazer uma entrevista de emprego.
8	Candidatar-me a um emprego.
7	Falar com um garoto que eu gosto.
6	Fazer uma pergunta em aula.
4	Contar uma história pessoal para um grupo de amigos.
4	Fazer o pedido de alguma coisa em um restaurante.

Como não tinha dinheiro para comer fora, que era o primeiro degrau da sua escada, Bella decidiu começar contando uma história pessoal para um grupo de amigos. Algumas coisas engraçadas haviam acontecido quando ela foi fazer seu teste para tirar a carteira de motorista no fim de semana anterior. Seria fácil contar a história por mensagem de texto ou *on-line*, mas Bella tinha alguns pensamentos muito ansiosos sobre fazer isso pessoalmente. Ela sabia que iria corar, e seus amigos iriam saber o quanto estava ansiosa e dariam muita importância a isso.

> PREDIÇÃO: SE EU CONTAR MINHA HISTÓRIA DO TESTE PARA MOTORISTA, VOU CORAR, E...
>
> AS PESSOAS VÃO RIR DE MIM.
>
> ... E O PIOR DE TUDO, JASON VAI INTERPRETAR QUE EU GOSTO DELE, E TUDO VAI FICAR ASSUSTADOR!
>
> ELES VÃO APONTAR PARA MIM E RIR.

Bella tinha certeza de que seus pensamentos eram acurados, mas estava morrendo de vontade de contar a história para alguém, então perguntou a si mesma: "Se essas coisas acontecerem, o que eu vou fazer?". Para ter ajuda para responder a essa pergunta, ela completou o gráfico pré-exposição.

EXEMPLO: GRÁFICO PRÉ-EXPOSIÇÃO DE BELLA, PARTE A

Exposição	*Que situação temida você está enfrentando?* Contar para meus amigos uma história engraçada pessoalmente.
Predição ansiosa	*O que você teme que aconteça?* Todos vão me julgar por parecer ansiosa.
Distorções	*Em que pensamentos distorcidos sua predição ansiosa se baseia?* ☐ Catastrofização (presumir o pior desfecho possível) ☐ Desqualificação do que é positivo (recusar-se a receber o crédito que você merece) ☐ Rotulação (colocar um rótulo negativo em si mesmo) ☑ Efeito holofote (pensar que todos estão lhe observando e/ou que o que você sente por dentro fica evidente externamente) ☑ Leitura mental (adivinhar o que os outros estão pensando ou vão pensar) ☐ Comparação negativa (comparar-se com outras pessoas que são populares ou bem-sucedidas) ☑ Perfeccionismo social (acreditar que erros são inaceitáveis)
Comportamento de segurança	*O que você normalmente faria para evitar que sua predição ansiosa acontecesse?* Não coraria ou demonstraria qualquer sinal de ansiedade.

EXEMPLO: GRÁFICO PRÉ-EXPOSIÇÃO DE BELLA, PARTE B

Objetivo realista	*O que você consegue realizar, mesmo que se sinta ansioso?* Contar a história sem interromper ou recorrer a comportamentos de segurança.
Pensamento de enfrentamento	*O que você pode lembrar a si mesmo quando estiver se sentindo mais ansioso?* Tudo bem se eu ficar ansiosa e corar; não posso evitar que isso aconteça.
Valores	*O que motiva você a se mover nessa direção?* Crescimento (Conexão) Honestidade (Autoexpressão) Diversão (Autenticidade) Espontaneidade Risco Aventura Criatividade Independência (Coragem)

Ela definiu a data da exposição para o dia seguinte, depois da escola. Quando o momento chegou e ela tinha uma audiência adequada, apesar de sentir o calor subir até o seu rosto, Bella seguiu em frente. Ela engoliu em seco, limpou a garganta e disse: "Pessoal, vocês querem ouvir o que aconteceu no meu teste de direção?".

Bella estava certa acerca de uma coisa: ela, sem dúvida, ficou corada. Contudo, suas predições sobre a reação dos seus amigos não se confirmaram. Foi assim que ficou seu gráfico pós-exposição:

EXEMPLO: GRÁFICO PÓS-EXPOSIÇÃO DE BELLA

Eu atingi meu objetivo realista? Como?	Sim. Eu contei a história.
Eu usei comportamentos de segurança? O que eu fiz em vez disso?	Não. Só usei um pouco de maquiagem e mantive minhas mãos longe do rosto.
Como eu avancei na direção dos meus valores?	Compartilhei alguma coisa pessoal, e agora todos os meus amigos me conhecem um pouco melhor.
Qual foi o desfecho real?	Eu realmente corei, e eles notaram, mas suas reações foram amigáveis, não críticas.
O que eu aprendi?	Meus amigos parecem aceitar o fato de eu corar.

O degrau seguinte na escada de Bella era testar o perigo de ruborizar em frente a um grande grupo ao levantar a mão e responder a uma pergunta em aula. Embora com frequência soubesse as respostas, Bella nunca erguia a mão; na verdade, ela sentava-se no fundo da sala e procurava colocar-se fora do ângulo de visão dos professores para evitar ser chamada. Ela tinha certeza de que, se falasse em aula, todos olhariam para ela e notariam seu rosto vermelho. A última exposição dela havia corrido bem, mas não lhe deu coragem suficiente para isso. "Afinal de contas", ela pensou, "aqueles eram meus amigos. Tenho certeza de que não vou ter aquele tipo de descontração com a minha turma de matemática".

A mente de Bella estava girando. Escrever tudo aquilo no gráfico a ajudou muito a organizar seus pensamentos.

EXEMPLO: GRÁFICO PRÉ-EXPOSIÇÃO DE BELLA, PARTE A

Exposição	*Que situação temida você está enfrentando?* Levantar a mão para responder a uma pergunta em aula.
Objetivo perfeccionista	*Como você acha que deveria agir e parecer nessa situação?* Não posso deixar que eles percebam que estou com medo.
Predição ansiosa	*O que você teme que aconteça?* Vou corar, e a turma vai me achar patética.
Distorções	*Em que pensamentos distorcidos sua predição ansiosa se baseia?* ☑ Catastrofização (presumir o pior desfecho possível) ☑ Desqualificação do que é positivo (recusar-se a receber o crédito que você merece) ☑ Rotulação (colocar um rótulo negativo em si mesmo) ☑ Efeito holofote (pensar que todos estão lhe observando e/ou que o que você sente por dentro fica evidente externamente) ☑ Leitura mental (adivinhar o que os outros estão pensando ou vão pensar) ☐ Comparação negativa (comparar-se com outras pessoas que são populares ou bem-sucedidas) ☑ Perfeccionismo social (acreditar que erros são inaceitáveis)
Comportamento de segurança	*O que você normalmente faria para evitar que sua predição ansiosa aconteça?* Abaixaria a cabeça e levantaria a gola da blusa.

EXEMPLO: GRÁFICO PRÉ-EXPOSIÇÃO DE BELLA, PARTE B

Objetivo realista	O que você consegue realizar, mesmo que se sinta ansioso? Levantar a mão e responder à pergunta.
Pensamento de enfrentamento	O que você pode lembrar a si mesmo quando estiver se sentindo mais ansioso? Se os meninos forem maldosos ou críticos, isso diz mais sobre eles do que sobre mim.
Valores	O que motiva você a se mover nessa direção? (Crescimento) Conexão Honestidade (Autoexpressão) Diversão Autenticidade Espontaneidade Risco Aventura Criatividade (Independência) (Coragem)

Na aula de matemática, no dia seguinte, o simples fato de pensar em levantar a mão fez o sangue subir ao rosto de Bella. Ela se sentiu perdida, mas verificou novamente sua bússola de valores, que a fez se lembrar de para onde queria ir. Quando o professor fez uma pergunta que ninguém parecia saber responder, Bella levantou lentamente sua mão no vazio.

Foram necessários vários minutos para que seu coração deixasse de bater tão rápido e suas bochechas esfriassem, mas Bella sobreviveu à exposição. Ela não podia ter certeza, mas pareceu que seu rubor não teve assim tanta importância para a turma. Ela preencheu seu gráfico pós-exposição assim que chegou em casa da escola.

EXEMPLO: GRÁFICO PÓS-EXPOSIÇÃO DE BELLA

Eu atingi meu objetivo realista? Como?	Sim. Levantei minha mão e respondi à pergunta.
Eu usei comportamentos de segurança? O que eu fiz em vez disso?	Não. Eu olhei para o professor e não cobri meu rosto com maquiagem ou com as mãos.
Como eu avancei na direção dos meus valores?	Participei em aula. Isso vai me ajudar a conseguir uma nota melhor para entrar na faculdade.
Qual foi o desfecho real?	Fiquei MUITO corada! Mas quase ninguém estava olhando. E as pessoas que estavam olhando não reagiram mal.
O que eu aprendi?	Eu consigo responder a perguntas em aula, mesmo ficando com o rosto vermelho.

Já estava no meio de novembro, e as aulas terminariam em algumas semanas. Bella sabia que, se não buscasse um emprego em seguida, poderia ficar desempregada durante todo o verão. Ela decidiu subir alguns degraus na sua escada e se candidatar a uma vaga. Isso estava classificado como um 8, e Bella não estava ansiando nem um pouco por isso.

> PREDIÇÃO: SE EU ENTRAR NA CAFETERIA E PEDIR UMA FICHA DE INSCRIÇÃO, VOU RUBORIZAR E...
>
> VOU PARECER RIDÍCULA.
>
> VOCÊ QUER TRABALHAR AQUI?

Mas Bella não queria retroceder ao seu comportamento de esquiva, pois assim ela nunca conseguiria um trabalho. Para se preparar, Bella reservou um tempo para preencher o gráfico pré-exposição.

EXEMPLO: GRÁFICO PRÉ-EXPOSIÇÃO DE BELLA, PARTE A

Exposição	Que situação temida você está enfrentando? Pedir um formulário de inscrição na cafeteria.
Predição ansiosa	O que você teme que aconteça? Vou ruborizar, e a barista não vai me achar legal.
Distorções	Em que pensamentos distorcidos sua predição ansiosa se baseia? ☑ Catastrofização (presumir o pior desfecho possível) ☑ Desqualificação do que é positivo (recusar-se a receber o crédito que você merece) ☑ Rotulação (colocar um rótulo negativo em si mesmo) ☐ Efeito holofote (pensar que todos estão lhe observando e/ou que o que você sente por dentro fica evidente externamente) ☑ Leitura mental (adivinhar o que os outros estão pensando ou vão pensar) ☐ Comparação negativa (comparar-se com outras pessoas que são populares ou bem-sucedidas) ☑ Perfeccionismo social (acreditar que erros são inaceitáveis)
Comportamento de segurança	O que você normalmente faria para evitar que sua predição ansiosa aconteça? Não posso ruborizar ou demonstrar qualquer sinal de ansiedade.

EXEMPLO: GRÁFICO PRÉ-EXPOSIÇÃO DE BELLA, PARTE B

Objetivo realista	*O que você consegue realizar, mesmo que se sinta ansioso?* Pegar o formulário de inscrição.
Pensamento de enfrentamento	*O que você pode lembrar a si mesmo quando estiver se sentindo mais ansioso?* Consigo sobreviver a alguns segundos de embaraço para me aproximar mais do meu objetivo.
Valores	*O que motiva você a se mover nessa direção?* Crescimento Conexão Honestidade Autoexpressão Diversão Autenticidade Espontaneidade Risco Aventura Criatividade (Independência) (Coragem)

Preencher o gráfico realmente ajudou. Aquilo deu a Bella clareza suficiente e confiança para colocar seus pés em movimento na direção da cafeteria.

> **O QUE REALMENTE ACONTECEU**
>
> *A BARISTA PRATICAMENTE NÃO ME NOTOU.*
>
> *ACHO QUE ELA TINHA OUTRAS COISAS NA CABEÇA.*

Bella se sentiu bem. Conseguir o formulário sem ser humilhada foi uma surpresa para ela; nenhuma das suas predições terríveis se tornou realidade. "Embora eu estivesse ruborizando, a gerente não notou", pensou Bella. "Eu adoro maquiagem!"

Opa!!

Havia uma coisa de que Bella convenientemente tinha se esquecido. Dessa vez, ela estava usando uma base muito pesada para esconder seu rubor. Se ninguém conseguia ver seu rubor, então ela não estava realmente exposta.

Todas as pessoas tímidas usam esquivas sorrateiras ou sutis que as impedem se estar completamente expostas. Usar toneladas de desodorante para esconder o suor, murmurar para evitar ser ouvida, não puxar conversa em uma festa e beber para reduzir as inibições são técnicas para não se arriscar. Os comportamentos de segurança nos iludem a pensar que estamos engajados no mundo, quando, na verdade, o estamos evitando.

Para que Bella continue subindo a escada na direção do seu objetivo de conseguir um emprego, ela terá de repetir essa exposição sem usar seu comportamento de segurança, no caso, sem usar maquiagem. Assim, ela foi a outra filial da rede de cafeterias para pedir um formulário de inscrição. O barista era um rapaz que olhou diretamente para ela enquanto o rubor subia ao seu rosto. Bella se sentiu embaraçada, mas ele agiu normalmente e lhe disse que a loja era um ótimo lugar para trabalhar. Se Bella não tivesse ido embora imediatamente, eles poderiam até ter tido uma conversa mais longa. Bella se sentiu aliviada. Este é o gráfico que ela preencheu para avaliar sua experiência:

EXEMPLO: GRÁFICO PÓS-EXPOSIÇÃO DE BELLA

Eu atingi meu objetivo realista? Como?	Sim. Peguei o formulário.
Eu usei comportamentos de segurança? O que eu fiz em vez disso?	Não. Não usei maquiagem pesada e evitei cobrir meu rosto.
Como eu avancei na direção dos meus valores?	Dei um passo na direção da independência.
Qual foi o desfecho real?	Eu realmente ruborizei, mas ele pareceu não notar. E consegui o formulário de inscrição!
O que eu aprendi?	O fato de ruborizar não tem que me impedir de fazer as coisas.

Depois de preencher a folha de exercícios, Bella preencheu o formulário de inscrição para o emprego. Contudo, por mais satisfatório que tenha sido ter seu futuro trabalho em potencial em mãos, o pensamento de ter de comparecer a uma entrevista foi aterrorizante. Um sólido 10. "Não consigo fazer isso!", pensou Bella. Ela tinha certeza do que lhe aconteceria em uma entrevista de emprego.

> **PREDIÇÃO: SE EU RUBORIZAR DURANTE UMA ENTREVISTA DE EMPREGO, O ENTREVISTADOR VAI PENSAR...**
>
> *(SUSPIRO) ELA FICOU VERMELHA!*
>
> *QUE FALTA DE PROFISSIONALISMO!*

No entanto, Bella não podia suportar a ideia de ficar desempregada e sem dinheiro o verão inteiro. Assim, concluiu que tentar ter um ganho em longo prazo compensaria alguma possível dificuldade em curto prazo. Ela e sua amiga Sandra tinham horários marcados para entrevistas na cafeteria naquela mesma manhã. Sandra soltou uma bomba na última hora, quando insistiu para que Bella penteasse o cabelo de forma a afastá-lo do rosto, dizendo: "Assim podemos ver você!".

"Mas este é o meu penteado", argumentou Bella. Então, ela percebeu que se esconder atrás do cabelo era um comportamento de segurança; assim, antes de saírem, adicionou isso ao seu gráfico.

EXEMPLO: GRÁFICO PRÉ-EXPOSIÇÃO DE BELLA, PARTE A

Exposição	Que situação temida você está enfrentando? Ir a uma entrevista de emprego.
Objetivo perfeccionista	Como você acha que deveria agir e parecer nessa situação? Relaxada e confiante.
Predição ansiosa	O que você teme que aconteça? O gerente vai me ver ruborizar e vai saber que não sirvo para trabalhar atrás do balcão.
Distorções	Em que pensamentos distorcidos sua predição ansiosa se baseia? ☑ Catastrofização (presumir o pior desfecho possível) ☐ Desqualificação do que é positivo (recusar-se a receber o crédito que você merece) ☐ Rotulação (colocar um rótulo negativo em si mesmo) ☑ Efeito holofote (pensar que todos estão lhe observando e/ou que o que você sente por dentro fica evidente externamente) ☑ Leitura mental (adivinhar o que os outros estão pensando ou vão pensar) ☐ Comparação negativa (comparar-se com outras pessoas que são populares ou bem-sucedidas) ☑ Perfeccionismo social (acreditar que erros são inaceitáveis)
Comportamento de segurança	O que você normalmente faria para evitar que sua predição ansiosa aconteça? Usaria maquiagem e cobriria meu rosto com o cabelo.

EXEMPLO: GRÁFICO PRÉ-EXPOSIÇÃO DE BELLA, PARTE B

Objetivo realista	O que você consegue realizar, mesmo que se sinta ansioso? Fazer a entrevista.
Pensamento de enfrentamento	O que você pode lembrar a si mesmo quando estiver se sentindo mais ansioso? A pior coisa que pode acontecer é eu não conseguir o trabalho.
Valores	O que motiva você a se mover nessa direção? Crescimento Conexão Honestidade Autoexpressão Diversão Autenticidade Espontaneidade Risco Aventura Criatividade ⟨Independência⟩ ⟨Coragem⟩

Ir à entrevista com o cabelo puxado para trás pareceu ser a coisa mais difícil que Bella já fez em sua vida. Esta é a folha de exercícios que Bella preencheu depois da entrevista:

EXEMPLO: GRÁFICO PÓS-EXPOSIÇÃO DE BELLA

Eu atingi meu objetivo realista? Como?	Sim. Eu fiz a entrevista.
Eu usei comportamentos de segurança? O que eu fiz em vez disso?	Não. Deixei meu rosto à mostra o tempo todo!
Como eu avancei na direção dos meus valores?	Dei um passo na direção da independência.
Qual foi o desfecho real?	Eu realmente ruborizei, mas fiz a entrevista. A gerente pareceu gostar de mim.
O que eu aprendi?	Tenho certeza de que ela notou meu rubor, mas não pareceu achar que aquilo fosse motivo para não me contratar.

O resultado foi que Bella não conseguiu aquele trabalho. Ela continuou fazendo entrevistas, até que foi contratada. No entanto, Bella notou uma coisa engraçada sobre a escada: quanto mais ela subia, mais degraus parecia haver. Trabalhar em um turno muito movimentado em um emprego novo e lidar com pessoas o dia todo estava classificado como um 11 na sua escada de exposição. Fora do esperado! Mas depois do que Bella já havia passado, aquilo era manejável.

A nova experiência dela tinha estimulado alguns novos pensamentos confiantes que falavam tão alto quanto os ansiosos. Ao seguir a sua bússola de valores, ela está aprendendo a se aceitar, bem como a aceitar o apelido que seu chefe lhe deu – Bella Vermelhinha.

É claro, as exposições nem sempre acontecem assim tão tranquilamente. No próximo capítulo, examinaremos os problemas comuns que surgem e o que fazer com eles.

13

Solucionando problemas
O que fazer quando você fica travado

As exposições, assim como o restante das nossas vidas, nem sempre correm conforme planejamos. Neste capítulo, exploraremos os três problemas mais comuns que acontecem durante as exposições e como lidar com eles.

VOCÊ NÃO LEVOU ADIANTE A EXPOSIÇÃO

Você planejou uma exposição e estava empolgado para fazê-la, mas, quando entrou na situação, sentiu-se muito mais ansioso do que havia previsto. Seu impulso de evitar tomou conta, e você desistiu. O que fazer?

É possível que você tenha escolhido alguma coisa muito alta na sua escada. Se você acha que esse é o caso, escolha um degrau mais baixo. Se não tiver nada mais abaixo, reflita e veja se consegue encontrar alguma coisa.

Por exemplo, Lucia, que acha que é uma interlocutora chata, planejou encontrar-se com duas amigas no almoço e compartilhar duas coisas que fez durante o fim de semana. Ela realmente se encontrou com as amigas, mas, quando chegou a hora de falar, começou a transpirar, e pensou que soaria estranho de repente começar a falar sobre si. Antes da exposição, ela tinha pensado que isso seria bem fácil, de modo que não tinha mais nada na sua escada. Para descer um degrau para a próxima vez, Lucia teve duas ideias:

1. Ela poderia mudar a situação escolhendo pessoas com quem se sentia mais à vontade, ou falar com uma pessoa, em vez de duas.
2. Ela poderia mudar sua ação, fazendo duas perguntas, o que seria mais fácil para ela, e compartilhando apenas uma coisa que fez no fim de semana.

Lucia ficou com a primeira opção. Ela fez a mesma exposição novamente, mas dessa vez com parentes que vinham jantar na sua casa.

Lembre-se de que é perfeitamente normal ficar ansioso. De fato, se você está muito ansioso, é porque escolheu alguma coisa na qual realmente precisa trabalhar. Por outro lado, se você não está se sentindo ansioso, é porque está pronto para um degrau mais alto. Também é normal que, quanto mais você fizer uma exposição, menos ansioso fique e mais confiança adquira, então pelo menos você tem isso como expectativa.

Outra solução para esse problema é que você tenha um treinador; às vezes, um amigo, ou mesmo um dos pais, pode ajudá-lo a fazer a exposição. O simples fato de contar para alguém o que você planeja fazer pode ajudá-lo a persistir. Dependendo do que é a sua exposição, você pode levar alguém junto quando a fizer. Por exemplo, quando Bella foi fazer uma entrevista de emprego, a qual classificou como um 10 no nível de medo, ela pediu à Sandra que fosse junto e esperasse do lado de fora, para lhe dar apoio depois, caso necessitasse.

VOCÊ AINDA ESTÁ ANSIOSO DEPOIS DE MÚLTIPLAS EXPOSIÇÕES

Depois de repetir uma exposição múltiplas vezes, você ainda está tão ansioso quanto estava da primeira vez.

Normalmente, quando você faz exposições repetidas, vai experienciar uma redução, mesmo que leve, na sua ansiedade. Quando isso não acontece, naturalmente pode ser desencorajador. Contudo, antes de desistir e voltar a evitar essa situação mais uma vez, dê uma olhada no que pode estar lhe atrapalhando.

Você está tendo algum comportamento de segurança? Você não teria necessariamente consciência disso se estivesse, portanto examine com atenção como você tem abordado as exposições. Você está se protegendo de algum modo de um resultado embaraçoso? Se você passar pela situação sem experienciar os riscos reais, também vai perder as recompensas. Lembre-se de que comportamentos de segurança são como boias. Você está dentro d'água, mas acredita que a única razão de não ter se afogado é porque está usando as boias. Seu medo da água não vai diminuir até que você realmente mova seus braços e pernas para se manter flutuando.

Quando Bella foi para a entrevista de emprego usando maquiagem para esconder o rosto, a maquiagem tornou impossível que Bella (1) testasse a probabilidade de as pessoas notarem e/ou comentarem sobre seu rubor e (2) praticasse sua habilidade de lidar com a situação, caso elas realmente notassem e comentassem.

Fazer exposições, ao mesmo tempo mantendo seus comportamentos de segurança, é como tentar aprender a andar de bicicleta sem jamais retirar as rodinhas de segurança.

Se múltiplas repetições de uma exposição não melhoram a sua confiança, você pode ser sequestrado por distorções desastrosas, aquelas formas de pensar distorcidas que discutimos no Capítulo 5. Como um espelho de um parque de diversões, elas são um modo impreciso de ver a si mesmo e o mundo.

Nesse caso, a primeira distorção desastrosa a ser considerada é o efeito holofote. Você pode estar tão inseguro, tão consciente de tudo o que diz ou faz, que tem dificuldades para entender as coisas. De certo modo, o efeito holofote é como outro comportamento de segurança. Você está se observando muito cuidadosamente para não estragar tudo. Tente tirar os holofotes de cima de você. Pare de se censurar; diga o que vem à sua mente. Preste atenção às pessoas e ao ambiente à sua volta.

Ainda que você esteja prestando atenção, certifique-se de que não está desqualificando as coisas positivas que acontecem durante a exposição. Você coloca foco excessivo em uma expressão facial que pode refletir aborrecimento, aversão, desapontamento ou irritação e ignora expressões que indicam uma resposta positiva para você? É comum que adolescentes socialmente ansiosos interpretem mal expressões faciais inocentes das pessoas como se fossem críticas.

Se você não está praticando comportamentos de segurança ou não está preso a distorções desastrosas, então é possível que a situação que está praticando seja uma em que você sempre se sentirá ansioso. Em alguns casos, a exposição repetida não vai livrá-lo da ansiedade, independentemente do quanto você pratique. Algumas atividades são amedrontadoras, mas nós as fazemos mesmo assim. Como um exemplo extremo, você pode andar na montanha-russa inúmeras vezes, ano após ano, e ainda assim seu coração bate acelerado, você ainda grita e ainda agarra com força a barra de apoio temendo pela sua preciosa vida. Oradores públicos e artistas no palco ainda sentem um frio no estômago antes de ficarem diante do público, mesmo depois de anos de experiência. Continuamos fazendo coisas que nos deixam amedrontados ou nervosos por causa das recompensas – a euforia da força da gravidade na montanha-russa ou o aplauso do público. A ansiedade é uma parte normal e essencial da experiência humana. Se você fez uma exposição repetidas vezes, estando ansioso ou não, está fazendo agora alguma coisa que evitou no passado.

VOCÊ OBTEVE MAUS RESULTADOS

Você faz a exposição, mas as coisas dão errado – horrivelmente, terrivelmente errado!

A coisa mais comum que pode fazer você achar que a exposição deu errado é quando sua predição ansiosa se torna realidade. Estes são alguns exemplos:

- Você ruboriza e transpira, e alguém comenta sobre isso, dizendo algo como: "Olhe para você ficando vermelho; que bonitinho!".

- Sua exposição é puxar conversa com alguém. Depois que você diz "olá", sua mente realmente tem um branco, e você fica ali, parado, não dizendo nada mais, apenas sorrindo, enquanto a pessoa vai embora.

- Você fala durante a aula de inglês, dando uma opinião sobre o livro que a turma está lendo, e outro aluno discorda de você rudemente.

- Você faz um comentário em uma rede social e alguém comenta de volta, dizendo que você é um idiota.

Você está catastrofizando? Adolescentes com ansiedade social são hipersensíveis à rejeição e ao embaraço. Quando alguma coisa dá errado, eles tendem a achar que aquilo realmente foi catastrófico, que eles estão condenados a uma vida de ridicularização e rejeição. Como vimos no Capítulo 5, o pensamento catastrófico é um tipo de distorção desastrosa que leva a mais sentimentos ansiosos e a mais esquiva. Confiar em pensamentos catastróficos para guiá-lo é como deixar que suas ansiedades se sentem no assento do motorista.

Se você suspeitar que está catastrofizando, faça a si mesmo estas perguntas desafiadoras:

O que eu fiz de correto?

Na direção de que valor estou me movendo?

Estou 100% seguro de que meu pensamento catastrófico é verdadeiro?

Qual é a predição mais provável?

O fato é que aprender a enfrentar os solavancos na estrada lhe ajudará a se tornar um motorista melhor e a ir até onde você quer chegar.

Catástrofe ou não, ser criticado é doloroso. Quando as coisas dão errado, esta é uma oportunidade excelente de praticar o enfrentamento do criticismo. Por exemplo, se alguém chamou de "idiota" uma postagem sua nas redes sociais, como você pode se posicionar? Seu comentário foi literalmente idiota? Ou você estava se expressando livremente e a pessoa não gostou do que você expressou? Você pode se posicionar, dizendo algo como: "Essa é a minha opinião; você não tem que concordar". Ou você pode simplesmente ignorar o comentário e seguir em frente. Algumas pessoas usam as redes sociais para procurar briga, e você não precisa se engajar nisso. Posicionar-se não é sobre mudar os outros; é sobre ser verdadeiro consigo mesmo, independentemente do que os outros pensam ou dizem.

Ser julgado ou criticado e aprender a lidar com isso faz parte de qualquer exposição que escolhemos fazer, pois é assim que vamos dominar a ansiedade social. Quando o enfrentamento ficar difícil, retorne aos exercícios no Capítulo 9 e lembre-se de que existe algo pior que um "mau" resultado: nenhum resultado, como *não fazer nenhuma exposição*. Se você se colocar em uma situação em que as coisas saem terrivelmente errado, e essas coisas realmente acontecem, congratule-se. Ao se expor ao criticismo, você viveu de acordo com seus valores e avançou na direção do seu objetivo. Missão cumprida!

A SOLUÇÃO

Independentemente do problema que você está tendo com suas exposições – medo avassalador, ansiedade persistente ou resultados ruins –, a técnica mais efetiva para resolução de problemas é revisitar seu gráfico de exposição. "O quê?", você pode dizer. "Eu realmente preciso preenchê-los? Como um teste ou uma tarefa escolar?"

Pular as folhas de exercícios ou passar os olhos rapidamente é tentador. Ninguém gosta de papelada. Muitos adolescentes acham que podem improvisar, que esse negócio é muito simples, que anotar tudo é uma perda de tempo. No entanto, há uma razão clinicamente comprovada para que você preencha sua folha de exercícios para cada exposição. Sem uma folha de exercícios, é muito mais provável que você retorne aos seus velhos pensamentos automáticos e comportamentos de segurança. Sem tirar um tempo para preencher o gráfico pós-exposição, é mais provável que você fique obcecado sobre não atingir um objetivo perfeccionista. O gráfico pós-exposição é concebido para ajudá-lo a ver a experiência de uma maneira nova – isto é, avançando na direção dos seus valores e indo atrás do que é importante para você.

Como um experimento, tente mapear a exposição com a qual está tendo problemas, iniciando com a parte A da folha de exercícios pré-exposição, que tem relação com seus medos e distorções. Reserve um tempo para refletir sobre cada pergunta, respondendo o mais honestamente possível. A parte A pode ser muito difícil de preencher, mas fazer uma avaliação honesta dos seus pensamentos, objetivos e comportamentos improdutivos é um passo necessário antes que você possa elaborar os novos. A parte B da folha de exercícios pré-exposição é o seu incentivo. Quando as coisas ficam difíceis, o que você pode dizer a si mesmo a fim de que não recue? Lembre-se de focar no que você pode realmente atingir e em por que você está fazendo isso, em primeiro lugar.

Você já preencheu? Ótimo! Revise a folha de exercícios sempre que necessário. Compartilhe-o com um amigo de confiança ou com um familiar compreensivo. Exposições são como testes; uma melhor preparação tende a obter melhores resultados. Depois que você fez uma exposição, lembre-se de preencher o gráfico pós-exposição. Se você achar que a exposição correu mal, suas respostas a essas perguntas o ajudarão a se recuperar. Se você achar que a exposição correu bem, suas respostas o ajudarão a se preparar para o próximo degrau na sua escada.

À primeira vista, administrar seus medos com folhas de exercícios e escadas pode parecer antinatural e entediante, especialmente antes de você começar a desfrutar das recompensas em que seu trabalho duro resultará. À medida que você pegar impulso e começar a se aproximar dos seus objetivos, começará a entender sua ansiedade de uma maneira nova. Em vez de lutar contra seu medo, você vai aprender a aceitá-lo. O que quero dizer com "aceitar o medo"? Leia o próximo capítulo para descobrir!

14

Acima e além
Como os erros o tornam mais forte

Até agora, mostramos como o fato de você se colocar em situações cuidadosamente planejadas que o exponham à possibilidade de ficar embaraçado o ajudará a avançar na direção dos seus objetivos, bem como a viver de acordo com seus valores pessoais. Esperamos que agora você já tenha subido uma escada ou duas e tenha obtido uma amostra do que você é capaz. Neste capítulo, vamos sugerir uma forma de incrementar seu progresso, uma forma de ir acima e além da escada.

COMETENDO ERROS DE PROPÓSITO

A ideia é simples. Em vez de se expor à *possibilidade* de ficar embaraçado, você se expõe à *certeza* de ficar embaraçado. Isso significa cometer erros intencionais e propositalmente se permitir ser julgado e criticado, até mesmo rejeitado pelos outros. Você pode fazer uma pergunta "boba". Você pode intencionalmente incomodar alguém. Você pode pedir a alguém para fazer alguma coisa que sabe que essa pessoa vai recusar.

"De propósito?", você está pensando. "Você está brincado?"

Isso não é tão absurdo quanto pode parecer. Como qualquer pessoa com grande habilidade em um esporte sabe, para melhorar temos de nos desafiar *além* da nossa habilidade. Se você observar skatistas, por exemplo, verá que eles estão sempre tentando manobras mais difíceis, nas quais falham repetidamente. É por isso que os skatistas dizem: "Se você não está falhando, não está praticando *skate*".

Assim como falhar faz parte da prática de *skate*, cometer erros faz parte da vida. Ninguém ganha um passe livre para não ser julgado e criticado. Nós atingimos nossos objetivos aprendendo a nos recuperar de nossos erros, não os evitando. Você pode esperar até que cometa um erro acidentalmente, ou pode cometer um intencionalmente para que possa praticar a recuperação. Adivinhe qual método produz melhores resultados?

Então, a que tipos de erros estou me referindo? Estas são algumas das ideias para ir acima e além:

- Borrife água embaixo dos seus braços e na sua testa para simular suor excessivo.
- Faça suas mãos tremerem enquanto está bebendo alguma coisa.
- Faça a postagem de uma foto boba de si mesmo nas redes sociais.
- Na sua loja favorita, experimente as roupas do lado avesso e pergunte ao vendedor como você está.
- Em uma loja de conveniência, pague com um monte de moedas.
- Intencionalmente, escreva uma palavra de forma errada em uma postagem em uma rede social.
- Quando o professor fizer uma pergunta em aula, levante sua mão e dê uma resposta errada.
- Ligue para uma loja de animais e pergunte se eles vendem comida para cachorro.
- Entre em um cinema e sente-se na frente de alguém depois que o filme já começou.
- Programe o alarme do seu telefone para tocar com uma hora de filme.
- Compre um sorvete de casquinha, derrube-o e peça outro de graça.

Você entendeu a ideia. Se o pensamento de cometer um erro o deixa ansioso, as chances são de que essa seria uma exposição "acima e além".

Estes são alguns exemplos para Lucia e Chris.

Lucia se acha chata. Ela tem medo de chamar atenção para si por temer que os outros a julguem. O que ela faz?

Ela interrompe as pessoas de propósito.

Ela grita do outro lado do corredor para cumprimentar alguém.

Ela compartilha com os outros partes do seu dia que sabe que são entediantes.

Chris tem a preocupação de que possa dizer algo errado e os outros zombem dele. O que ele faz?

Ele telefona para a pessoa errada de propósito.

Ele pronuncia errado uma palavra comum.

Ele faz um pedido de alguma coisa que sabe que o restaurante não serve.

DISPOSTO A CAIR

A grande dificuldade que temos para cometer erros intencionalmente aos olhos dos outros é que, do ponto de vista do "cérebro dentro de um cérebro" que atua em nosso sistema nervoso, o que chamei de mente do macaco, qualquer erro pode ser fatal. *Diga ou faça a coisa errada e o mundo inteiro vai se voltar contra você.* Essa distorção é a mais desastrosa de todas, pois o mantém escondido, jogando de forma segura, nunca aprendendo como se recuperar e lidar com os erros. Uma vez que a única maneira de adquirir confiança para saber que você é capaz de lidar com os julgamentos dos outros é passar pela experiência de ser julgado, você precisa sair da sua zona de conforto, para onde sabe que vai cometer erros e atrair criticismo. A melhor maneira de se tornar socialmente confiante é cometer erros sociais intencionalmente.

Você pode estar pensando: "Mesmo que isso seja verdade, será que vale a pena?". Valeu a pena quando você aprendeu a andar? Quando era bebê, você caía quando tentava ficar de pé. Você caiu e chorou muito, mas continuou levantando-se porque tinha um impulso inato de atravessar sozinho a sala até os braços dos seus pais. Você aprendeu a se recuperar das quedas, a ser resiliente. Por fim, tornou-se confiante em sua habilidade para caminhar e, eventualmente, para correr.

Seu impulso de se conectar com os outros é tão inato quanto era seu impulso de caminhar. Todos nós precisamos pertencer. Você está disposto a cair para chegar lá?

Considerações finais

Entender a sua ansiedade social pode ajudá-lo a perceber que há milhões de outras pessoas exatamente como você. O reconhecimento de como pensamentos distorcidos influenciam os sentimentos e os comportamentos pode ajudá-lo a questionar seus pensamentos e a quebrar a cadeia da esquiva. Ao enfrentar os medos, um de cada vez, usando estratégias de enfrentamento e correndo riscos administráveis, você pode passar de uma vida limitada pela ansiedade social para uma vida em que pode ir aonde quiser e ter os amigos que merece.

Você experimentou as técnicas descritas neste livro, e espero que tenha experienciado um decréscimo em sua ansiedade social e seja capaz de fazer algumas coisas que antes evitava. Para manter os ganhos que você teve, continue a praticar seus pensamentos de enfrentamento e esforce-se para continuar a fazer exposições. Você é como um atleta em treinamento; se parar de se exercitar, seus músculos vão enfraquecer. Se você se desafiar com exercícios regulares, vai ficar mais forte.

Não há garantias de que sua ansiedade vai desaparecer completamente. Mesmo depois de um progresso significativo, indubitavelmente você ainda terá dias em que vai querer evitar situações que não o incomodavam no dia anterior. Isso é normal. Seu nível de ansiedade, assim como outros estados de humor, pode ser influenciado pela falta de sono, pelo que você come, pelo ciclo menstrual e pelo uso de álcool e drogas, só para mencionar alguns fatores. Se você conseguir identificar o que parece deixá-lo mais ansioso, poderá se ajudar regulando essa influência. Na verdade, o simples fato de identificar o problema já pode trazer algum alívio. Por exemplo, se você notar que se sente mais ansioso depois de uma noite em que dormiu mal, pode lembrar a si mesmo que se sentirá melhor quando estiver mais descansado.

Eventos disruptivos na vida – como começar em um novo emprego, frequentar uma escola nova, mudar-se para iniciar a faculdade ou mudar de bairro ou cidade – podem provocar o aumento da ansiedade social. Todas essas são oportunidades para revisar o que você aprendeu neste livro e praticar as técnicas apresentadas.

Então, como você pode identificar se realmente está fazendo progresso? A melhor maneira é verificar honestamente quais situações você está evitando. Seu lema é "Evite evitar!". Se você está evitando o que é importante para você, é porque caiu nas velhas armadilhas do perfeccionismo social ou em alguma das outras distorções desastrosas. Pegue sua bússola dos valores e lembre-se do que é importante para você. Então, recorra às habilidades que o ajudaram antes; elas são as mesmas habilidades que vão ajudá-lo novamente. Lembre-se de que você não está sozinho, e *você pode ter domínio sobre a ansiedade social*!

APÊNDICES

Para adolescentes e seus pais ou responsáveis

Apêndice A
Sobre terapia e medicação

Este é um livro de autoajuda. Ele explica o que é ansiedade social e como lidar com ela por isso de modo que não impeça que você faça o que quer na vida. Contudo, algumas vezes, autoajuda não é suficiente. Se você está tendo dificuldades para fazer os exercícios e as exposições apresentados neste livro, ou se está fazendo os exercícios, mas parece não estar evoluindo, encontrar um terapeuta com quem trabalhar pode ser o que você precisa.

É mais ou menos como aprender um esporte. Você pode ler sobre como a partida é jogada e o que precisa praticar para ser bom, mas ainda assim precisar de um treinador. Terapeutas são como treinadores. Eles podem trabalhar com você para desenvolver as habilidades de que precisa e apontar coisas das quais você pode não ter consciência, como os comportamentos de segurança.
Eles também podem dar o incentivo necessário para passar por exposições que são especialmente desafiadoras para você.

Este livro está baseado na terapia cognitivo-comportamental (TCC) e na terapia de aceitação e compromisso (ACT, do inglês *acceptance and commitment therapy*). A TCC foca na relação entre pensamentos (cognições), sentimentos e ações (comportamentos). Um terapeuta de TCC o ajudará a identificar e a desafiar os pensamentos que o estão deixando mais ansioso e a mudar os comportamentos que estão tornando o seu problema pior. Já a ACT é um tipo de TCC que foca mais na mudança do comportamento e menos na mudança dos pensamentos. Na ACT, o objetivo é identificar valores e se comprometer com ações que o levarão a viver uma vida mais rica e mais significativa.

TCC e ACT são muito eficazes para todos os problemas de ansiedade, incluindo ansiedade social. Se você decidir ver um terapeuta, é muito importante que encontre um que seja treinado em TCC ou ACT.

O QUE PERGUNTAR A UM TERAPEUTA

Você vai querer se sentir confortável com o terapeuta. Você tem todo o direito de fazer perguntas para se assegurar de que o terapeuta que vai escolher será adequado para você e tem a experiência necessária para tratar o problema que deseja trabalhar. Estas são boas perguntas que você e seus pais ou responsáveis podem fazer:

Qual é sua formação em terapia cognitivo-comportamental? (Os terapeutas idealmente falarão sobre *workshops* que fizeram, clínicos experientes com quem se consultaram, organizações a que pertencem e certificados que têm em TCC.)

Qual é sua formação ou experiência no tratamento de ansiedade social?

Você acha que tem sido eficaz no tratamento de ansiedade social?

Quais técnicas você usa para ansiedade social? (Você quer que seu terapeuta fale sobre o uso de técnicas de exposição e o trabalho com pensamentos distorcidos.)

Se necessário, você está disposto a sair do seu consultório para fazer terapia comportamental? (Algumas das suas exposições podem exigir que você e seu terapeuta estejam em espaços públicos.)

SOBRE MEDICAÇÃO

Você pode estar se perguntando ou ouviu falar sobre medicação para ansiedade social. De fato, existem medicamentos que podem ajudar com a ansiedade social, além de outros tipos de ansiedade. Basicamente, há dois tipos: antidepressivos e benzodiazepínicos.

Antidepressivos

Você pode estar se questionando por que antidepressivos são prescritos para ansiedade. A razão é que a forma como a substância age em seu cérebro para reduzir a depressão também reduz a ansiedade. Além disso, não é incomum que pessoas que têm ansiedade social também tenham depressão. Esses medicamentos podem ajudar com os dois problemas.

O tipo mais comum de antidepressivos são os chamados inibidores seletivos da recaptação da serotonina (ISRSs). A serotonina é uma substância química no cérebro que influencia o humor, e esses medicamentos atuam aumentando os níveis de serotonina; eles também atuam sobre outras substâncias no cérebro que afetam o humor. Alguns ISRSs comuns incluem: fluoxetina, paroxetina, citalopram, sertralina, escitalopram e fluvoxamina. Outros antidepressivos que algumas vezes são usados são venlafaxina, duloxetina e mirtazapina.
Estes são nomes genéricos, baseados na estrutura química da substância.

Outro tipo de antidepressivos são os chamados antidepressivos tricíclicos (ADTs). Estes incluem amitriptilina e imipramina. Os ADTs não são prescritos com tanta frequência quanto os ISRSs, pois têm mais efeitos colaterais.

Há prós e contras em tomar ISRSs e ADTs.

Prós

- Eles não são tão caros.
- A maioria das pessoas acha fácil tomar comprimidos.
- Esses medicamentos não são aditivos.
- Como você toma esses medicamentos todos os dias, em vez de apenas quando se sente ansioso, eles têm menor probabilidade de serem usados como comportamento de segurança.

Contras

- Pode haver efeitos colaterais. Os mais comuns são náuseas, diarreia, constipação, sonolência ou inquietação, boca seca, dores de cabeça, bocejo, tremor e efeitos colaterais sexuais, como dificuldade de ter um orgasmo e/ou redução do desejo sexual. Muitos desses efeitos diminuem com o tempo. Há um alerta de tarja preta para pessoas com idade inferior a 26 anos de que os ISRSs podem causar aumento em pensamentos de suicídio. Isso está associado a pessoas que podem ter ansiedade e depressão, não ansiedade isolada. Não há um aumento em tentativas reais de suicídio.
- Esses medicamentos podem levar de 4 a 6 semanas para ter um efeito perceptível. Nem todos os antidepressivos funcionam para todos os indivíduos, portanto poderá ser necessário tentar mais de um antes de encontrar aquele que funcione.
- A retirada do medicamento pode causar sintomas desconfortáveis, como tontura, náuseas, dores de cabeça, dificuldade para dormir ou sintomas semelhantes à gripe. Se você reduzir a dose lentamente para a retirada desses medicamentos, os efeitos colaterais serão menos intensos.
- Quando você para de tomar esses medicamentos, os sintomas de ansiedade social com frequência retornam.

Benzodiazepínicos

Os benzodiazepínicos são relaxantes que agem muito rapidamente no corpo e no cérebro. As pessoas normalmente usam esses medicamentos quando ficam ansiosas ou em pânico, ou quando estão entrando em situações que as deixam ansiosas. Os benzodiazepínicos comuns incluem alprazolam, diazepam, lorazepam e clonazepam.

Há prós e contras em tomar benzodiazepínicos.

Prós

- São de rápida ação.
- Podem ser tomados quando necessário.
- Não são caros.
- A maioria das pessoas acha fácil tomar comprimidos.

Contras

- Pode haver efeitos colaterais, como sonolência, vertigem, confusão e depressão.
- Podem ser fatais se você misturar com álcool.
- Podem se tornar um comportamento de segurança do qual você fica dependente. Mesmo que você esteja fisicamente viciado, eles podem dificultar que você enfrente seus medos e obtenha confiança em si.
- Podem se tornar fisicamente viciantes. Se houver histórico de adição na sua família, você está em risco ainda maior de adição a benzodiazepínicos.
- Você pode desenvolver tolerância quando usar esse medicamento repetidamente e o seu corpo se adaptar à presença continuada dessa substância. Isso pode levar à adição, pois você usa cada vez mais com o passar do tempo para obter o mesmo efeito.
- Se você desenvolver tolerância, poderá ter abstinência física, apresentando tremor, sudorese, diarreia e palpitações cardíacas, além de um efeito rebote de ansiedade aumentada.

Outros medicamentos

Há outros medicamentos que você pode tomar quando necessário que não são aditivos e não envolvem o risco de você desenvolver tolerância. Exemplos destes são: hidroxizina, buspirona e gabapentina.
Você pode conversar com seu médico sobre essas opções.

Tomar ou não tomar medicamentos

Você deve ou não tomar medicamentos para a sua ansiedade? Bem, antes de mais nada, pensar se você deve ou não fazer alguma coisa é a abordagem errada. Essas palavras implicam que existe um certo e um errado absolutos para todos, o que é um pensamento perfeccionista.

Se está experienciando ansiedade extrema que está atrapalhando seu funcionamento, como sair de casa e ir à escola ou fazer os exercícios deste livro, você poderá conversar com seu médico sobre o uso de medicamentos, pois é um médico quem prescreve medicamentos para ansiedade, mais comumente um médico de família, um clínico geral ou um psiquiatra (um médico que se especializa em saúde mental).

No caso do uso de medicamento, os melhores resultados foram obtidos por pessoas que o combinam com TCC. Isso faz sentido, pois o medicamento pode ajudar a baixar a intensidade da sua ansiedade. Já a terapia vai lhe ensinar habilidades para vencer a ansiedade agora e em longo prazo. Desse modo, quando você parar de tomar o medicamento, terá muito menor probabilidade de experimentar um retorno da sua ansiedade social.

Apêndice B
Recursos úteis (em inglês)

LIVROS

A Teen's Guide to Getting Stuff Done: Discover Your Procrastination Type, Stop Putting Things Off, and Reach Your Goals, de Jennifer Shannon.

The Anxiety Survival Guide for Teens: CBT Skills to Overcome Fear, Worry, and Panic, de Jennifer Shannon.

Freeing Your Child from Anxiety: Powerful, Practical Solutions to Overcome Your Child's Fears, Worries, and Phobias, de Tamar Chansky.

If Your Adolescent Has an Anxiety Disorder: An Essential Resource for Parents, de Edna Foa e Linda Wasmer Andrews.

My Anxious Mind: A Teen's Guide to Managing Anxiety and Panic, de Michael Tompkins e Katherine Martinez.

SITES

Estes *sites* oferecem informações sobre ansiedade, TCC e ACT.

Academy of Cognitive Therapy (ACT): www.academyofct.org

Essa organização ajuda as pessoas a terem acesso a recursos da terapia cognitiva, a aprenderem mais sobre transtornos mentais e a encontrarem um terapeuta cognitivo certificado.

Anxiety Disorders Association of America: adaa.org

Essa organização é dedicada à divulgação do conhecimento sobre a gravidade dos transtornos de ansiedade e dos tratamentos efetivos.

Association for Behavioral and Cognitive Therapies: abct.org

Essa organização foca na promoção da pesquisa contínua da eficácia das terapias usadas para tratar uma variedade de condições de saúde mental.

Overcoming Teen Anxiety: www.overcomingteenanxiety.com

Esse é o *site* de Jennifer Shannon, que oferece recursos para os adolescentes e folhas de exercícios reproduzíveis para ajudar com a ansiedade e a procrastinação.

Apêndice C
Parurese

Se você já teve problemas para urinar em um banheiro público, não está sozinho. A maioria de nós já passou por isso alguma vez na vida. O termo técnico para esse problema é *parurese*. Ele é comumente referido como "bexiga tímida", e pode variar de leve a severo.

Milhões de pessoas sofrem de parurese, mas geralmente sofrem sozinhas, pois ficam constrangidas de contar para alguém. Bexiga tímida é causada por ansiedade social. Esses indivíduos normalmente temem ser observados, ouvidos e, de algum modo, julgados negativamente. Sua ansiedade torna impossível permitir que a urina flua, independentemente do quanto a bexiga esteja cheia. Portanto, esse problema é não só embaraçoso, mas também pode ser muito doloroso e potencialmente perigoso, podendo provocar infecções no trato urinário e inchaço nos rins.

Como sabemos, adolescentes socialmente ansiosos sempre vão tentar evitar situações que os deixam ansiosos: nesse caso, urinar em um local público, ou mesmo em casa, quando há outras pessoas por perto. Essa esquiva pode realmente se colocar no caminho para que possam viver suas vidas e fazer as coisas que são importantes para eles. Ir a restaurantes, casas dos amigos, festas ou a qualquer lugar pode ser um grande problema.

Este autoteste pode ajudá-lo a descobrir o quanto a parurese é um problema para você.

	Sim	Não
Você tem um medo marcante e persistente de usar banheiros públicos quando outros estão presentes?		
Você tem problemas para começar a urinar em banheiros públicos quando outros estão presentes?		
Você se preocupa sobre o que as outras pessoas estão pensando quando você está tentando urinar?		
Você consegue urinar em casa, embora não consiga longe de casa?		
Você se preocupa com ser humilhado ou ficar embaraçado por problemas para urinar?		
Tentar urinar em banheiros públicos sempre, ou quase sempre, o deixa ansioso?		
O medo de usar banheiros públicos parece tolo ou irracional para você?		
Você evita urinar em banheiros públicos e/ou tolera banheiros públicos com intensa ansiedade e estresse?		
Sua esquiva de banheiros públicos, ou a ansiedade e o estresse quanto ao seu uso, interfere significativamente nas suas relações, atividades sociais ou trabalho?		
Algum médico já excluiu uma causa física para suas dificuldades de urinar em público?		

Quanto mais respostas "sim" você deu, mais provavelmente parurese é um problema para você. A boa notícia é que o problema é tratável com muitas das mesmas estratégias descritas neste livro. Entretanto, devido à conexão peculiar entre cérebro e bexiga, há formas específicas de abordar o tratamento de parurese que não estão contempladas aqui. Estes recursos (em inglês) podem ajudá-lo a aprender mais:

International Paruresis Association: paruresis.org

Shy Bladder Center: shybladder.org

Shy Bladder Syndrome: Your Step-by-Step Guide to Overcoming Paruresis, de Steven Soifer, George Zgourides, Joseph Himle e Nancy L. Pickering

Apêndice D

Outros tipos comuns de ansiedade

Pessoas com ansiedade social com frequência também têm outros tipos de ansiedade. Embora muitos dos exercícios neste livro possam ajudar com os problemas listados a seguir, é melhor aprender sobre as ferramentas e os exercícios específicos para cada tipo de ansiedade.

Ataques de pânico

Repentinamente se sentir muito assustado quando você não espera.

Sensações físicas, como coração acelerado, dificuldade para respirar ou tontura.

Medo de ficar louco, morrer ou perder o controle.

Medo de sair de casa.

Sentir-se encurralado quando está em uma loja ou em aula.

Ansiedade geral

Preocupações que são difíceis de controlar.

Preocupação de que você ou alguém que você ama possa se machucar ou morrer.

Preocupação com desastres naturais, como terremotos, *tsunamis* ou furacões.

Preocupação com o dever de casa, testes ou ter problemas na escola.

Preocupação sobre se atrasar para as coisas.

Sintomas físicos, como dores de estômago e dores de cabeça.

Fobias

Medo de lugares específicos, como elevadores, de altura ou de corpos de água.

Medo de certos animais ou insetos.

Medo de agulhas ou sangue.

Medo de vomitar.

Transtorno obsessivo-compulsivo

Pensamentos indesejados ou desagradáveis que ficam presos em sua mente.

Medo de germes ou de se sujar.

Preocupação de machucar alguém ou de ter feito algo errado.

Necessidade de que as coisas sejam equilibradas ou equitativas.

Necessidade de repetir certas ações, mesmo quando você sabe que isso não faz sentido.

Ansiedade de separação

Medo de ficar sozinho ou dormir sozinho.

Medo de ficar longe dos seus pais.

Ansiedade quando você vai para a escola, em viagens de campo ou passa a noite fora.

Transtorno de estresse pós-traumático

Medo intenso, impotência e esquiva em resposta a um evento traumático.

Reviver o trauma por meio de *flashbacks* ou pesadelos.

Sentir-se anestesiado e evitar pessoas, lugares ou atividades que fazem lembrar do trauma.